恰如其分的美好

——神华集团女职工读书活动优秀作品集

薛丽　主编

红旗出版社

红旗出版社
RED FLAG PRESS
推动进步的力量

图书在版编目（CIP）数据

恰如其分的美好 / 薛丽主编.
—北京：红旗出版社，2017.1
ISBN 978-7-5051-4003-5
Ⅰ. ①恰… Ⅱ. ①薛… Ⅲ. ①读书活动－文集
Ⅳ. ①G252.17-53
中国版本图书馆CIP数据核字（2017）第016181号

书　　名　恰如其分的美好
主　　编　薛　丽
出 品 人　高海浩　　责任编辑　赵智熙
总 监 制　李仁国　　特约编辑　刘德荣
装帧设计　温清河　　出版发行　红旗出版社
地　　址　北京市朝阳区化工路18号
编 辑 部　010-57274504
E-mail　hongqi1608@126.com
发 行 部　010-57270296
印　　刷　三河市恒彩印务有限公司
开　　本　710毫米×1000毫米　1/16
字　　数　320千字　　印　　张　17.25
版　　次　2017年1月北京第1版　　2017年1月河北第1次印刷
ISBN 978-7-5051-4003-5　　定　　价　36.00元

欢迎品牌畅销图书项目合作　　联系电话：010-57274627

前言

经过20多年的艰苦奋斗，神华逐渐成长为一家走向世界的一流清洁能源企业。这20多年中，有多少神华人投入了自己毕生的精力、汗水与梦想，有多少家庭与神华同呼吸、共命运。在这些伟大的建设者中，有很多神华女性，她们积极参与生产劳动，乐观生活，不仅担任着家庭的“CEO”，更在各行各业中撑起了半边天。她们自尊、自立、自爱、自强，担负着历史赋予的使命，承担着自己的责任，她们不仅要活出自己的精彩，更要为建设神华贡献自己的力量。她们比男性多些颜色，也多些声音……在她们身上，我们看到了新时代女性所散发出的别样芬芳。

我们知道顾秀华，一名来自神东集团的女焊工，数十年如一日从事着焊接工作，她发明的焊接手法被命名为“秀花焊”。在自己解决了多项焊接修复技术难题的基础上，成立了国家级焊工技能大师工作室，编写了《JOY综连采焊接修复技术》，帮助更多人解决焊接中的难题。

我们看到有这样一个团体，她们是国华绥中电厂采制化班，在不足3平方米的操作室内，她们以操作盘为邻，以对讲机为伴，每天不停地穿梭于各个实验室，一丝不苟地检测和记录数据……通过团队合作和不懈地努力，这个集体荣获了全国“三八红旗集体”称号，并连续7年通过中国合格评定国家认可委员会组织的50多次的能力验证。

我们被李慧的故事感动着。她是神东设备维修中心的一名钳工，丈夫的哥哥患有抑郁症，智力如孩童；婆婆患有老年痴呆症，常年卧床。她十几年如一日照顾卧床的婆婆和患病的兄长，为了一家老小，无怨无悔，用自己的双手书写着善良与责任。

我们要歌颂她们，在她们身上我们看到了执著坚忍，看到了真善美。她们并不遥远，有的就是我们自己，有的是我们身边每一个平凡平淡的神华女员工。她们每个人都有自己的故事，每个人都有自己的思考，每个人都有自己的光芒。

神华集团女工委员会连续两年举办的“书香神华”系列活动，就在记录我们每一个人的故事和精神。每一年策划编写这样一本精品图书，从年初征集作品，上千篇文章就像一扇扇窗，打开每一个人的生活与心灵。甄选是最难做的工作，由于图书篇幅有限，不得不割舍一些内容感人、故事生动的文章。编者深知，这些作品是大家的用心之作，万千情义包含其中。

在本书中，有对家风传统的思考、有对家庭关系的体悟、有关于读书的体会、有观察四季变化的灵动、有育儿教子的心得……我们透过本书，看到了神华女性的青春岁月，感受到她们的精神灵魂，她们已经将自己的生命与神华紧紧联系在一起，将自己的梦想、未来倾注到神华事业当中。

在本书中，有组织者的点点心思。作为神华集团关怀女员工的组织，关注的不只是女性所取得的业绩和贡献，更看重神华女性身上的奋斗精神，更传播神华女性在承担工作与家庭双重责任之间的智慧，更期待神华女性都活得有尊严、活得精彩、活得有深度！所以，我们看到书香、魅力……这么多美好的字眼在书中跳跃。

愿你在本书中，或与某一篇气味相投的文章相遇，心有灵犀，引起共鸣；或读了某一篇文章，忽然感觉一直困惑自己的问题有了答案；或被某一篇文章带到更美的远方。愿你在阅读中，感受到由神华女工委员会精心为你准备的“书香神华”带来的更多维度的幸福。

编　者

2016 年 12 月

目录

读书，让日子过成诗

书香，美丽了我的人生

书香，生命永恒的味道

生命在读书中丰腴

阅读，让人生更多彩

读书蕴家风

五月槐花香

我的幸福人生，无可复制

生命源于坚强

我的神华我的魂

Part 01

读书，让日子过成诗

无聊才读书

马　剑　准能集团

一次饭桌上，说起女性善不善持家，一长者问在座的几位女士：你们在家跟老公生了气，一般会做什么？身边的大姐说这种情况下，自己通常不理睬别人，只是埋头干活儿，把家里的苦脏累活全包了。问到我时，我说我就找一本小说埋头看书，从此“不与环球共此凉热”。当时有男士就笑我矫情，质疑“生气了还能有心情看书”？

此言差矣！其实，跟家人生气后去看书，并不是真要从书中学到什么知识，而是暂时避开矛盾，到书里寻求安慰，给受伤的心寻找一方净土，让愤怒的情绪得到适时转移。说白了就是逃避现实，无聊才读书，所以也就无所谓心情不心情了。

刚成家那阵子，每每与丈夫发生争执，一气之下我就跑去理发店修整头发，仿佛变换一种发型就能改变一下心情，似有一切“从头开始”之意。可岁月不饶人，随着年龄的增加，我那原本瀑布般的秀发日渐稀少，几近“聪明绝顶”，大有“黑头搔更短，浑欲不胜簪”之势，以后再有不顺心之事也绝不敢拿稀疏的头发开涮，于是就把目光转移到书上。

生气了没人安慰，随手拣一本书，一头钻进故纸堆里，思想随书中故事情节的张弛而起伏跌宕，心情与书中人物命运同喜同悲，每有会意，便欣然忘“忧”，生气和不顺心的起因早已抛到了九霄云外，甚至有一种“超出三界外，不在五行中”的状态。再以后就发展到凡不顺心之时便拿书来消解，很多事就随之释然了。读书的妙用有时真的很神奇，书籍能指引我们渡过难关，能安慰我们的心灵，使我们摆脱悲哀和痛苦的羁绊，使枯燥乏味的岁月化为令人愉快的时日，让无聊难挨的日子变得趣味盎然。十几年前我在人民日报社学习时，一位授课老师给我留言曰：“有病不求医，无聊才读书”。当时大为不解，现在才逐渐明白其中的深意。读书，真是无聊人的独享。一部经典，半杯香茗，便可思接千载，视通万里，在书中营造的氛围里或悲或喜，或痴或狂，以一颗赤子之心体验书中的悲喜交加、冷暖人情，全然忘记了争吵的无聊、生活的琐碎、日子的寡淡。这时的读书没有一点功利思想，读书不是为了积累知识，寻求哲理，而是为了涤荡心灵，净化灵魂；不是为了变得更加聪明，而是为了变得更加宽容、厚重、大气；不是为了成熟，而是为了清澈；不是为了无坚不摧，而是为了行云流水。

就行业而言，新闻无疑属于“快餐业”。工作近 30 年，每天与文字打交道，但真正静下心来读书的时间却很少。记者是在纷纷攘攘，甚至是鼓号齐鸣中快节奏行使职责、完成使命的。于是，便缺了一份读书的闲适与宁静。久而久之，我们就有了一种职业的浮躁；久而久之，我们那份“快餐”也因为太不精致而更不耐人咀嚼了。

于是，渴望有段整顿的时间，有个清净的所在，把平时想看而无暇光顾的书翻出来细细品味、慢慢把玩。窗外也许寒风凛冽，漫天飞雪；也许骄阳似火，酷暑难耐，而窗内却无寒无暑，无嘈无杂。守着一份温暖和安宁，或案前灯下，或拥被而读，楚辞的风骚、汉赋的华丽、唐诗的俊逸、宋词的雄阔、元曲的典雅、明清小说的厚重，穿越时空，奔腾而来，尽收眼底。

在功利思想大面积消解精神品质与责任感的年代，读书应该保有不妥协、不一味随波逐流的品格。这也算我在读书方面的一点渐悟吧。

子曰：“三年学，不至于谷，不易得也。”意思是说：“读书三年而不想望当官吃俸禄，这是难能可贵的。”但古往今来，有几个读书人不想“学而优则仕”呢？就是孔子的学生，也有“子张学干禄”，专门来向孔子学习当官吃俸禄的技巧。

按中国传统的价值观来衡量，读书就是为了出仕，出仕只有成为将相，成为方面大员，才算不虚此生。“十年寒窗无人问，一举成名天下知。”过去是这样，今天亦如此。读书可以做官，做官可以发财。今天废除了科举制度，读书不一定可以做官了，但小学读了读中学，中学读了读大学，不外乎是为了找一个好的职业。一句话：读书都为“稻粱谋”。

大学问家有“把酒时看剑，焚香夜读书”之说，因为他们把读好书等同于遭遇一场恋爱，所以读书是一件特别神圣的事情，因此，强调“不投入感情就不会读出感情，没有智慧就无法吸纳智慧，冷落了书籍也必荒废了思想”。我乃一介草民，严格来讲根本算不上读书人，只不过在无聊时才想起来找书看，或者没事时随便翻翻，充其量不过是个人消遣而已，距离真正意义上的阅读还差得很远。但在多年的无聊消遣中，我渐渐感到，通过阅读使自己在强调硬心肠的竞争社会，还能保持一颗柔软的心。因为，柔软的心才会滋润，才能迅速修复不可避免的创伤，并学会尊重生命本身的原则：自己生活，让别人也生活。

一生维斯，足以富可敌国、贵比王侯了。

正因如此，我把读书当作是咀嚼生命的过程。

唐诗宋词中的诗情画意

曲双双　乌海能源公司

是无意间将枕边书换成了《唐宋诗词三百首》，偶然翻看中，竟然不能释手，遂成了每天临睡前必做的事情，细读一两首唐宋诗词，带着其中的诗情画意入眠，让梦乡也晕染了一层古典的情愫。

是谁扬起了边塞的铁马征程，是谁留恋着江南的小桥流水，我沉浸在这翩若惊鸿的唐诗宋词里，寻找着那字里行间用抑扬顿挫的语言讲述的，或雄壮或凄美的故事，想象着一幅幅或苍凉或唯美的画面。

看“大漠孤烟直，长河落日圆”，将广阔无垠的边塞风光跃然纸上；听“北风卷地白草折，胡天八月即飞雪”，使严酷寒冷的塞北冬季那样的真切。作为北方人的我，不会对“忽如一夜春风来，千树万树梨花开”的景象陌生，但却无法感受到“年年看塞燕，一十四番回”的离愁别怨。

“红藕香残玉簟秋，轻解罗裳，独上兰舟。”带着女性那道不完的孤寂，只源于“一处相思，两处闲愁”的黯然情怀，持有这“才下眉头，却上心头”的点点哀绪，再一句“惟有楼前流水，应念我，终日凝眸，凝眸处，从今又添，一段新愁”，让思念变得那么的扣人心弦。淡淡的“剪不断理还乱”的思绪，使这宋词的朦胧愁情别有一般风味在心头。看见的，消失了；既来的，离去了，最终也只能带着挥之不去的怅然若失，无奈地叹一句“问君能有几多愁，恰似一江春水向东流”。

在阅读中，个人感觉宋词的婉约与含蓄似乎更为符合我们女性温婉的性格，在这一句句的古典韵律中，让多愁善感的我找到了心灵的慰藉。失意时，轻吟一句“竹杖芒鞋轻胜马，谁怕，一蓑烟雨任平生”，细细品味中慢慢就看淡了那许多的利益得失，突然也想学一下柳三变戏谑一句“才子词人，自是白衣卿相”，面对人生不遂人愿的际遇，高吟一句“青春都一饷。忍把浮名，换了浅斟低唱”，似乎也多了几许畅快与洒脱。其实，唐诗里的意蕴，亦不比宋词少几分唯美恬淡。宋词中的典雅，亦不比唐诗少几点雄浑壮丽！只是个人的喜好不同，所偏爱的也就不一样了。

这一首首诗，一阙阙词，都是作者以文学的形式凝聚着的生命轨迹，用情感奏响起的时代旋律，沉浸在这古韵十足的唐诗宋词里，不免有些感化。一举手，一投足间，撒下的，就是片片奇美之花，溢放出斑斑夺目之光彩。我的古典情结，在其中应运而生。春花妖娆，夏夜逸趣，秋叶静美，冬装素洁，唐诗宋词，常给我无尽的美感，唐诗宋词里的诗情画意，总有让你为之感动的情愫，信手捻来的石破天惊，续续耳语的女娲炼石，此时无声胜有声的淡淡忧愁，不念朝朝暮暮，只求此情久长的牛郎织女，都创造出一个又一个的绚彩的意境！

感受唐诗宋词精髓，恬淡涌入心间。人生有一知己足矣，人生有一安逸之居，亦足矣！不管忧愁如何暗情生，只求不问世事淡如茶，亦不失为一种处世哲学！

每每沉浸在阅读的喜悦中，将凡尘俗世暂且抛下，让这诗词的海洋，声声入耳，丝丝入情，使得精神愉悦、心旷神怡，漫步在唐诗宋词的世界中，尽情地发挥想象的力量，描绘着属于自己的诗情画意。

用知识“妆点”人生

白彩云　神东集团

书是灵魂的寄托，书是希望的延续，书是生活的导师，书是智慧的融合。

——题记

午后时光，坐在阳台上，享着暖暖的阳光，闻着淡淡的茶香，手捧着语句精美的散文集，那样的画面，简直美得让人有种落泪的感觉。

曾经的我，作为文学的爱好者，似乎更加钟情于散文集，于是，只要待在家里，阳台便是我的一方乐土。有时也会在耳朵里塞上耳机，配点柔美的音乐，读着徐志摩的那些语句，让我感觉世界如此美妙。在他的笔下，水有了浮影，山有了姿态，树有了语言，水有了神情……在他的语言中，世间的一切不再那么生硬、冰冷，他用舒适的角度暖暖地抚过每一点，鲜活而生动的画面瞬间就在你的眼中肆意展开，那样的语言让我留恋，那样的画面让我每天希望满满，那样的感觉一度让我沉醉其中。

然而，随着儿子的出生，这样的时光便越来越少，甚至一度成为一种奢望。在每日琐碎的家庭生活中，我觉得正在迷失自己，感觉人生失去了方向，那样的情绪一度让我低迷、烦躁。或许是为了平复自己的心情，或许是为了找回自己曾经的那些激情，在儿子小憩的时光里，我拿起了笔，开始书写自己的那些沉醉和不舍情怀。那个时候，虽然疲惫，双眼迷蒙，但是只要拿起笔就感觉自己精力充沛，笔下如流水般涌出的情愫让我无法拒绝。于是，在我家，你或许会看到在几乎洒满玩具、衣服、零食等凌乱的客厅里，我窝在沙发的一角拿着一本书静静享受着我的乐趣……

如今已经5岁的儿子也渐渐懂事，家务在老公的分担下也不再那么繁重，生活似乎一帆风顺，每晚收拾完，在儿子写作业的同时，我便开始进入我的那片世界，拿着自己喜欢的书，听着自己喜欢的音乐，靠在沙发一隅，开始享受自己的时光，这样的感觉让我感到温暖而充实。有人说，书是人的灵魂，文字是人的修为，每一支笔下生成的文字都是撰写人灵魂的表达。张海迪，一个柔弱的女子，一个让世人惊叹的女子，她的一生让我们敬仰。她是一个懂爱的女子，她将自己的经历、人生感悟融进自己的思想里，最后在笔下成为激励后人的铿锵有力的文字，在让人感动的同时，更多的是一种有力的正气，她的那种坚强、那种韧劲，那种面对困境时的态度值得我们学习。

而徐志摩，则是一个浪漫的人，他的诗歌、散文无不透着浪漫的气息，处处充满情调，却又处处散发着温馨的气息，你无法拒绝他的深情与告白，甚至忽略了他的粗野与散漫。在他的文字里，地如席，天如被，眼前一切都是鲜明、灵动的色彩，你一旦进入，就会无端被吸引、感染，读着他的作品，你会突然发现这个荒凉的西北小镇也是那么温柔而富有美感，土地感觉不再贫瘠，山坡不再枯萎，街道不再是灰色，天空不再是黑色，你会发现另一个如画的小镇，清莹的水库，街旁绿油油的松柏，远处茂密的树林，公园里姹紫嫣红的花朵……一切都是那么美好而恬静，有时似乎感觉一出声儿就会破坏这幅画的蕴意。因此，每每当我沉静其中，便不能自拔。

在红楼梦里，你则会享受另外一种不同的心境。有人为林黛玉和贾宝玉的爱情而惋惜，而我则认为，故事从开始便为结局做了足够的铺垫，他俩的结局也是预料之中、意想之外。林黛玉家中潦倒、寄人篱下的境遇，直接导致她多疑、自卑，在贾家不受重视的结果。而贾宝玉，一个集万千宠爱的“公子”，配得上他的必定是集万千宠爱的“小姐”，而作为从小在利益纠纷的家庭中长大的薛宝钗，她的聪慧、心机、进退，自然比“小家小户”的林黛玉更胜一筹，所以这样的结果却是必然的。他们之间的感情纠葛会让你跟着欢笑、生气、甚至是落泪。在红楼梦里，我们看到了当时社会的一个缩影和写照，在那样的背景下似乎谁也无法逃脱命运的缰绳。于是在感叹的同时，我们似乎懂得了林黛玉的落泪葬花。

各书有各意，各章有各寓，对于书籍我们无法去评判它的好与坏，但是却可以按照自己的喜好去选择阅读，选择摘录，而我却始终沉迷于美好安静的诗篇，那些优美动人的语句让我爱不释手。如今，我也更加喜欢用自己的笔尽量用美美的语言记录自己的感悟和心得，不为别的，就为用知识妆点自己的人生，让自己的灵魂不再枯竭，心思不再迟钝，思想不再禁锢，因为我向往那种心灵的自由，内心的追求！

三等奖

书的宽度

牛　美　销售集团

人生好比一次长长的旅行，在旅途中有快乐有烦恼，也有很多思想，记下来，编成了书。书多么繁华，是敏感的心灵在喜怒哀乐中碰撞出来的火花，书是深思的头脑对社会，对人生反复思索的结晶，读书就是读人生。生命虽短，却要面临那么多挑战、进行那么多尝试，这力量从哪里来？一个重要的源泉，就是读书。

读书不能改变人生的长度，却足以改变我人生的宽度。在我成长的道路上，失意时，有书香相伴，我变得更坚强；迷茫时，有书香相伴，我变得更有德行。

17 岁开始一个人孤身海外求学，想到的就是寂寞无助，而然我庆幸的是，在大学期间结识了一位书友，她其实是我的日本语老师，每个月只上一堂课。书让我们彼此亲近，很快成了好友，不管我是生病还是遇到难事，她永远第一个站出来帮助我。当时我经常用疑惑的眼神偷偷地瞅着她，我怎么可以这么幸运遇到这样的朋友？后来她送了一本书，名字我忘记了，大致讲的是有一位美国女士在海边散步时，忽然发现海上有一艘私人帆船就要沉没，情况十分危急，她马上用手机与海上急救中心联络。等大家将船安全救上岸时，这位女士猛然发现船上有她自己的丈夫。有句英国谚语说：“赠人玫瑰，手有余香。”意思是说哪怕是赠人一支玫瑰花这样微不足道的平凡小事，它带来的温馨也会在赠花人和受花人的心底慢慢升腾、弥漫的。而俗话说“助人为快乐之本”，那些愿意帮助别人的人最容易得到快乐。帮助他人，你很可能会因此得到友谊的种子，它在你的爱心下会日益成长、壮大，终究会长成参天大树的！感谢她、感谢类似的这些书，不仅帮我赶走了寂寞无助，更让我要学习做一个眼界宽、思路宽、胸襟宽、有德行的人。

回国后，在一次和老友的聚会中，他兴奋地告诉我，认识了位农村支教老师，做了一次背包客，穷游了云南的一些小村庄，一边给我看照片，一边分享着沿途的所见所闻。说那个地方很偏远，坐飞机到贵阳，再坐火车到昭通市，最后经历了四五个小时的汽车颠簸，终于到达了鲁甸县。照片里天是那么蓝，草是那么绿，一个个矮矮的泥土房，破旧的院墙，是那么浑然一体，看不到也找不到路在哪里。偶尔会出现一双双想透过镜头看看外面世界的眼睛，但他们依旧对着镜头露出甜甜的微笑。我是一个农村娃，面对这样照片，还是要不禁感叹一声：真的那么穷吗?！他还在继续分享着，那里的孩子10%以上都是弱智，因为都是近亲结婚，没有人愿意嫁过去，这么多年来更没有出过一个大学生，能不穷吗！

翻看着一张张纯真无邪的笑脸，让我的灵魂一次次受到震撼，不管贫困给他们强加了多少困难，但是他们一直用稚嫩的肩膀承担着一些我们成年人都未必能担当的苦难。就这样，我们大胆地做了一个决定，成立了爱无限助学团，资助孩子们读书。不奢求知识能改变他们的命运，只希望读书让他们做个有知、有德的人。

爱无限助学团已经成立一年了，通过一对一帮扶，目前共计资助了200余名学生。我资助的小朋友叫李世香，2016年已经读6年级了，每次看到她的来信，我都能明显看到她会的字越来越多，写得越来越工整、语句越来越通顺，还不断和我分享着读书的快乐，偶尔也会和我畅谈下理想了，从此我又多了一位小书友。

印度作家泰戈尔说过：“埋在地下的树根使树枝产生果实，却并不要求什么报酬。”法国写讽刺作品的道德家拉布吕耶尔就说过：“最好的满足就是给别人以满足”。读书不仅让我快乐，更告诉我一些人生的意义，每每看着世香的来信，感受着读书带给她的力量与改变，我的心都是满满的温暖与祝福。

书，被称为人类文明的“长生果”，许多人都读过书，都说：读书能让人增长智慧。对此，我的回答是：“是的，但更重要的是读书让人增长德行，用书丈量人生的宽度，读好书，做好人。”

三等奖

“秋”舞飞扬

张　宁　神皖能源公司

如果把人的一生分为四季，那么我已步入秋的时节。想象着每天我们都在向人生的边界走近，但是没有看到界碑，谁也不愿去理会。真的能够心平气和的等待？又如何不是在等待？当日子如水般的在生命里流逝，我们要做的事不是逆流而上、便是顺游从之。

静一静、静一静，听流水的潺湍，听脚步的铿锵……

梦醒时分，花季已过，于是将那些年轻时的梦想扎成风筝，放飞在记忆的星空。船儿悠悠、桨声荡漾，月光在水面抖来抖去，它是在向我们招手，还是来向我们告别？

人生已入秋季，消极的人会唏嘘：秋天到了，冬天还会远吗？积极的人会感慨：世上本无事，庸人自扰之！这个季节已将繁华境过、渐入凄凉，为何还要风紧霜渐、自寻烦恼呢！

一直喜欢王维诗的意境悠远，有强烈的画面感，朗朗上口的“空山新雨后，天气晚来秋。”“人闲桂花落，夜静春山空。”而“行到水穷处，坐看云起时”的经典，不知迷醉了多少人。这首诗表达的已经不是一般意义上的景物，而是一种超然世外的物我两忘！什么样的人生当得起如此的豁达和明朗呢？我不觉对着窗外沉吟起来。

极目远望风中飘摇的树叶，眼前不禁浮现出一副秋日街景：高大的法国梧桐在人行道两旁林立，秋风中梧桐落叶自树端飞旋而下，空中的似蝶飞舞，坠落的则极尽慵懒，在地上铺起厚厚的地毯，就在那一片接天连叶地的秋黄之间，一位风姿绰约的法国女郎渐行渐近。突然一阵风起，女郎妩媚地眯起眼睛，举手轻抚宽大的帽檐，翻飞的风衣下摆与旋转的梧桐树叶在秋风中跳起了欢乐的华尔兹……

那是一组很久以前看过的摄影画了，美丽的印象至今会在脑海里翩跹。画中的法国女郎有着秋一般的年龄、也有着秋一般的风韵，是那么自信从容、优雅迷人，当年的我陶然其中、过目不忘。现在想来，那时惊叹的不仅仅是摄影师独特的艺术构思、巧妙的取景角度、高超的摄影技巧，关键的是秋天的场景与那位"秋"一般的女子和谐到融为一体的画面，给人的印象是成熟与亮丽并存、优雅与浪漫兼之的视觉震撼！

原来，进入"秋"季的女子并非都是在走人生的下坡路，生命于我们来说每一天都是新的，我们没理由怀疑自己或是自暴自弃，只要心中充满阳光，人生没有过不去的雨季。做一个"秋"一般的阳光女子吧，让人生的秋季——"秋"舞飞扬！

"秋"一般的女子，必然接地气。真爱有形，幸福无声。走过鲜花和浪漫装饰的街，进入衣食住行主打的城，个中滋味你怎样体会？"秋"一般的女子她们懂得，现实中的我们，聪明的不但要好好地爱惜自己，更要好好地呵护家人。她们黎明即起打扫庭除，早点备好呼儿梳洗，老公上班孩子上学，手脚麻利收拾妥当，一路奔走班车不误，尽职尽责为稻粱谋，长前孝顺幼畔慈祥，亲朋好友往来不疏，事无巨细乐此不疲，年复一年、日复一日，无怨无悔。

"秋"一般的女子，必然存浪漫。某个假日的午后，拈几朵菊花丢入杯中，待一阵阵轻雾袅袅伴着淡淡的菊香盈来时，端起杯依窗横坐，一任穿窗而过的阳光散在身上，软软的、懒懒的，间或举起水杯透着光亮，欣赏小叶菊在杯中浮浮沉沉、静静绽放的光景，复又低下头轻啜浅抿，借机轻吻了它们。阳光的不请自到，杯中菊一朵朵地舒颜展笑，理查德·克莱德曼的钢琴曲行云流水般地兜兜转转，宁静是此时的享受，享受是休憩的浪漫。

“秋”一般的女子，必然喜阅读。不求名人佳句朗朗上口、唐诗宋词倒背如流，但求“腹有诗书气自华！“秋”一般的女子不仅会用眼睛看书，更会用心灵感悟。她们从不同途径获取“能量”充实自己，名篇大卷虽是大爱，却不会与现实社会脱节。面对各种缤纷杂沓的网络信息、舆论观点等，她们不会一味地人云亦云，而是通过汲取、消化、吸收、提炼、糅合这一良性循环，取其精华去其糟粕，最后沉淀出自己的观点和态度。

“秋”一般的女子，必然常反思。雨果大师曾经说过：“有许多可爱的女性，但没有完美无缺的女性”。她们于反思中肯定自我、于反思中坦然面对不完美。她们会不断审视自我，不断调整自己的人生轨迹。她们拥有“知足者常乐”的生活态度；遵循“不以善小而不为、不为恶小而为之”的道德标准；怀有“山重水复疑无路，柳暗花明又一村”的乐观精神。她们的心可以放得很低，低到尘埃里去；她们的心也可以很大，大到包容天地万物。微微的有些感动，感动于人何其渺小，心却可以坐拥苍穹！

“生命的快乐和意义源自哪里？一个村落，一艘船，一个人，一段爱情，一份事业，一种操守，一种爱好，一个心愿……只要你沉醉着，坚持着，不背弃，不离开，人生的快乐和意义就会像秋天树上的果实一样闪耀于你的头顶。”这是谢胜瑜评论《海上钢琴师》中的一段文字，说得真好。思想健康、心态阳光、积极进取、知足善良、乐观豁达、励志感恩，如此等等，都是我们人生路上的财富，取舍自在人心。年龄如蠹虫般啃噬着岁月的书笺，不老的只有岩下脉脉流动的泉水。岁月如水样的平淡，“秋”一般的阳光女子，一定会让平淡的岁月开出花来，充满芬芳。

优秀奖

不要抱怨，只要感恩

——读《不抱怨的世界》有感

柯洁芳　福建能源公司

2016年以来，集团公司组织开展“智慧女性·书香家庭”为主题的读书活动，动员广大女职工参与其中，让阅读成为一种生活习惯和新的风尚。书真的是我们的良师益友，打开书便打开了一扇面向世界的窗口，打开书便打开了一面审视生命的镜子，其中的道，让我们充实、睿智，让我们思想、陶醉。

这次活动中，我读了好多精神读本，受益匪浅。特别是读了《不抱怨的世界》一书，感触颇深，在此与朋友们共享心得，同闻书香。

《不抱怨的世界》是美国知名牧师威尔·鲍温创作的，他被誉为最受尊崇的心灵导师之一，在短短两年时间，全球80个国家、超过600万人热烈响应，积极参与“连续二十一天不抱怨”挑战活动，用积极的心态去面对人生，用停止抱怨的方式改变自己，如同人性大洋中的一道涟漪，影响周边的人，成为别人的祝福。这本书的核心内容其实很简单，用生活中很实际的例子，劝勉人们停止抱怨，不批评、不讲闲话。从改变语言的内容，改变自己的思维，进而改变人生的态度，用心打造自己的生活，收获喜乐和满足。

是啊，在当今的社会，人类的生活充斥着诸多抱怨，抱怨天气，抱怨工作，抱怨另一半，甚至是抱怨电视节目，连聊天的内容百分之五十以上都是抱怨。人们的感恩越来越少，抱怨越来越多。抱怨声如同“口臭”，当它从别人的嘴里吐露，我们就会注意到，但从自己的口中发出，我们却充耳不闻。我们往往也陷在其中，或多或少地抱怨着，表达哀伤、不满或气愤，带给社会负面的“听觉污染”，却哪里也到不了，只会在不快乐的出发点原地打转。

每个人的一生中都难免有缺憾和不如意，也许我们无力改变这个事实。人生中有很多事情你无法选择。你无法选择谁做你的父母？你无法选择出生在哪个国家？你无法选择高低胖瘦美丑愚智？但事实毕竟是事实，与其抱怨地活在痛苦中，还不如用感恩的心态来对待生活中的缺憾和苦难。正如书中提到那位身患绝症的霍尔，当医生确诊他肺癌晚期，估计只剩半年的寿命时，他说：“诊断确定的时候，我知道这很难熬，而我可以咒骂所有人，但我也可以把焦点放在我生命中美好的事物上。”霍尔在面对致命的疾病这般艰难的处境下，没有抱怨消极悲观，反而用剩下的时间活出了感恩的生命，为身边的人带来乐观的力量。我们还有什么事，比面对死亡还让人不满足而心生抱怨呢？我们要感恩，只要还活着就是上帝的恩典，我们能走能跳，能说能笑，能工作能睡觉，这都要感恩。别老跟人比，别人得多得少，并不能给自己增添什么。往往一比较，心里就容易不平衡，就会产生抱怨。“我正为自己没有鞋而难过，直到我遇见一个没有双脚的人。”为自己现在所拥有的感恩吧。不要抱怨，只要感恩，我按照书上提示的，为了提醒自己，每天起床后写下几件感恩的事，例如，为婆婆这么早起来准备早餐感恩，为昨晚很好的睡眠感恩，为今天是个好天气感恩，为儿子的好胃口感恩等等，一整天都让我沉浸在感恩的氛围中，享受内心的喜乐甘甜。

人是群居的，免不了受周边环境影响，而说话是这个世界上最简单同时也是最难的一件事。正所谓：“良言一句三冬暖，伤人一语六月寒。”当有人批评你、攻击你，那是因为他们恐惧、没有安全感。他们觉得自己处于弱势，因而用尖刻的话语来壮大自己，他们将自己的恐惧与不安投射到他人身上；他们会伤害人，是因为他们自己也在受伤。抱怨和批评，有碍于身体健康，也有碍于人际关系的和谐。如果我们要改善这个世界，首先要疗愈灵魂中的失调状态。当我们停止抱怨，这是移除宣泄负面想法的首要通道，从改变我们的语言，进而改变我们的思想，最终我们的心灵就会发生改变。虽然生命中还有挫折，但请为眼前的而感谢，并着眼于光明面。例如，书中提到的飞机延误事件，引发众多乘客的抱怨和申诉，给乘务工作人员带来了很大的压力，每个人轮流把自己的不幸归咎于她身上。一位乘客走过去，挤了个位置对她说，她的生命中还有其他真正关心她的人，也有自己热爱的事物，能赋予更重要的意义，远比今天在这里发生的事情更重要，此刻的一切就没什么大不了的。乘务人员得到友善之人的理解和祝福，心中非常感谢，当她有机会，也将这份善心传递给另一个人。

“一句话说得合宜，就如金苹果在银网里”，只有当我们用足够的爱心为对方着想时，说话的态度，自然就会带着爱的关怀！以至于我们口中的言语，心里的意念，皆能悦纳。圣经里有一句话：“要常常喜乐，不住地祷告，凡事谢恩，因为这是神在基督耶稣里向你们所定的旨意。”医治发怨言的病只有这一种最好的妙药。不要抱怨，只要感恩，让我们大家都从自身做起，这个世界将会变得更美好！

优秀奖

《目送》
——读后感

秦唤岭　乌海能源公司

我慢慢地、慢慢地了解到，所谓父女母子一场，只不过意味着，你和他的缘分就是今生今世不断地在目送他的背影渐行渐远。你站在小路的这一端，看着他逐渐消失在小路转弯的地方，而且，他用背影默默地告诉你，不用追。

——龙应台

我把龙应台的这段话发至微信朋友圈与朋友一起分享，有朋友留言说不喜欢，因为太伤感。不是吗？离开子宫，离开母乳，离开怀抱，离开视线，最后相隔于阴阳两世。作为一个新妈妈，看着自己的孩子一天天长大；作为一个年逾 30 的女儿，看着自己的父母一天天老去，这句话深深地触动了我，它表现了一种深情，更是一种无奈。

有很多读者说，《目送》太消极了。文字就摆在那里，表达的是怎样一种感情完全是仁者见仁，智者见智。我不认为它消极，龙应台只是写的普通的人生啊，你能说人生是消极的吗？看了这本书的人，应该有庄重的仪式感，人生是一场值得尊敬的旅程，应该受到我们目送似的仪式。龙应台用她丰富的语言完成着这些仪式，如果它深深地打动了你，那么我想，你也是一个爱生活、爱父母、爱子女、爱兄弟姐妹的人，这些是我们每一个饱含深情的自然人都会经历、感受到的人生。《目送》表现了一种无奈，无论你是谁，你都无法用你的身体、你的意念去把那个你想要挽回的强拉回来，更是无法阻止它的离去，只能用吸纳一切的眼眸紧紧地盯着它的背影渐行渐远。当我读完《目送》，朱自清的《背影》像是一位老朋友，从我的灵魂深处一下子冒了出来，让我又惊又喜，赶快又与老朋友深切交谈了一番。说实话，上学那会儿读这篇文章时我还太小或者说阅历太浅，当时并不能了解其深意，现在更是不记得内容了，然而我现在真真正正第被它打动了。同样蹦上我心头的还有史铁生的《我与地坛》。这篇文章可以说是第一篇让我感受到文字魅力的文章，让我第一次因为文字而感动得落泪，也许那也是我开始成熟的标记吧！然而为什么会想起它们，我也说不清楚，也许它们都是描写着背影，描写着目送的无奈，也或许它们和《目送》有着一样的灵魂吧！

一岁半的女儿活泼好动，活动半径由原来的零米到了现在的三十米。有的时候，她头也不回地跑走了，看着她小小的背影，我微笑着，我心里默念着《孩子你慢慢来》；看着姥姥的远去，悲痛让人窒息，眼泪模糊双眼，努力睁大眼睛，抹掉眼泪，心里默念，姥姥您慢慢走好；想着距我千里之外的父母，眼前浮现的只是大脑记忆中的面容，由年轻到老，黑发到白发，直挺的身躯到微驼的背影，心里只能默念，亲爱的爸爸妈妈你们慢慢地！我满含深情想让时间停止，但我只能目送这一切的远去。

看到这里，你可能会说这些还不够消极吗?《目送》已经泛在你的眼眶里了啊！眼泪代表了悲伤、消极吗？也有喜极而泣啊！这就是普普通通的生活啊！看了这本书，我只想好好地珍惜现在，你呢?

书后短评：《目送》的73篇散文，写父亲的逝、母亲的老、儿子的离、朋友的牵挂、兄弟的携手共行，写失败和脆弱、失落和放手、写缠绵不舍和绝然的虚无。它写尽了幽微，如烛光冷照山壁，这是一本生死笔记，深邃、忧伤、美丽。

对，它是美丽的，一种震撼心灵的美丽。

优秀奖

活在四月的诗里

焦　莉　国神集团

仲春四月的晨，就像刚被唤醒的梦，清新又朦胧。探春的柳，早已在晨光中撒下斑驳；知春的花，鲜妍在微风中交舞着变；流浪的猫儿、狗儿不时信步在刚刚被清扫的路面，仿佛这满满的春光都是它们的。

人间四月，将一席风华嵌入诗篇，优雅、从容，像风的眼。诗人林徽因或最能做四月的代言，一部《你是那人间的四月天》，染尽世间纷扰，却落笔得一世优雅与才情。

诗人总是活在诗一般的梦里，而徽因则活在四月的诗里。四月集尽了春的精华，孕育出一个生命轮回最完整的开始，她挺过严冬的寒风凛冽，走过初春的冰消雪融，候过新春的春芽吐蕊，终于在属于自己的时光中，肆意绽放着属于自己的色彩，微笑着，将沉淀的过去，落拓在诗文里，欣然将希望和优雅的余生揽入怀中，继续吐露生命的芳华。

是的，你是人间的四月天。你出落在书香门第，自然熏陶出满身书卷气，诗文墨画，都是信手拈来。战火纷飞的年代，文人多数无力，身为一介女子，你怕是更难过。而你，不仅仅是文人，你是才女。你身上散发着奇异的光，照亮了你前行的路，也照亮了整个时代。

你一生的传奇，不为你是大家闺秀，而是你将浓郁的书卷气、灵动的艺术气和理性的建筑风深深吸入骨髓，然后融为一体，透过你的血液，输送到你每一个细胞。欲睹枝叶之丰茂，必究根须之强劲。你有很好的后勤保障，却藐视了俗世的莺莺燕燕，你不羁女儿身，贪婪地吮吸新的养分，路遇了多元文化，最后却都在你身上长出了新叶，并且枝繁叶茂。你绚烂的生命，告诉所有新时代的女性，知识就是源头活水，你愿将它融入生命，它将伴你诗般的生活，赋予你清新淡然智慧而又不失高贵的气质。

你是才女的代表，因为你诠释了“才女”二字。初读你的诗，我心怡然，再读你的文，我心慕然，又读你的人，我心敬然。你再超脱也免不了为人妻为人母，你把满身的智慧轻轻叠起，融化成绵长深远的爱意注入你的爱情和亲情里。是啊，你自己就是人间的四月天，你说“你是天真，庄严，你是夜夜的月圆。雪化后那片鹅黄，你像；新鲜初放芽的绿，你是；柔嫩喜悦，水光浮动着你梦期待中白莲。”你懂得用知己般的爱情充盈生命，亦分得清将柴米油盐的平实系于真正的相伴相守，当你从少女变成母亲的一刻，你所有的喜悦都寄在了那首——《你是人间的四月天》!

诚然，你读了很多书，我猜，你更是卓越的思想家，杰出的实践者。借着窗外的春雨窸窣，细细品读你那部《你是那人间的四月天》（林徽因作品集名），似乎你已悄然在我身边。你的散文笔触优美又不失深情；你的小说轻快中不乏时代的怅然；你的书信话意绵长也情理具在；你的诗歌简洁明了却意味悠长。你有文人的情怀又不乏建筑学家的严谨与智慧，你中庸平和并不是你天性软弱，更教诲世人一种无论身逢何处都能淡然处之的生活智慧。尤其在这个权财纷争、物欲横流的年代，能不慌不忙收起欲望，秉持善念，真诚地对待身边的人是多么的不易，这才是人生的大智慧吧。

你活在四月的诗里。你的一生，看似平淡实则绽放了一程。关于你褒贬不一，至少在我眼里你是饱满的。我不关心你那些让人评头论足的情感纠葛，却更在意如若不是你遇到了那么多处在时代先潮的友人也不会成就传奇的你。这些并非命中注定的相遇，而是你孜孜不倦积淀自身的回报。你所有的经历镌刻出一个浓墨重彩的你，你零落了生命韶华，照亮了后世

的人间四月。

我愿将生命活出你一样的精彩。背起沉淀的行囊，借着这美好的春光引渡自己，不弃本真，将世故化作轻便的鞋，吟啸徐行，看庭前花开花落，将生命的主线镌在这红情绿意的四月的诗里。

优秀奖

读书，让日子过成诗

李雪源　神皖公司

一杯茶，一本书，一个下午，慵懒的阳光照进窗子，一个惬意的午后，读着别人的故事，过着自己的人生。这是我曾希望拥有的日子，也是我现在拥有的生活。

上学的时候，讨厌“背诵全文”四个字，现在才发现那是最好的教育。以至于有美好的事物出现在眼前的时候不会词穷，而是想到与之相对的诗句，并真正理解诗句的意义。“书读百遍，其义自见”，读书是为了让你有更多的精力和时间来生活，而不是为了生存忙碌。

有人说，女孩子上那么久的学，读那么多的书有什么用，最终不还是要在一个平凡的城市，作着一份平凡的工作，嫁为人妇，洗衣做饭，茶米油盐，相夫教子。可他们不曾知道，即使这样，读书，会让人在同样的工作中有着不同的心境；在同样的家庭中有着不同的情调；在同样的后代中有着不同的素养。这是一笔看不见的财富，在无形之中传递给别人给自己的财富。三毛就曾说过，读书多了，容颜自然改变，许多时候，自己可能以为许多看过的书籍都成了过眼云烟，不复记忆，其实他们仍在，在气质里，在谈吐上，在胸襟的无涯，在生活的点滴里。

前些天在书里看到一个词，叫生活家，小时候，我们都会被问长大之后要成为什么，长大之后发现谁也没有成为，只是成为一个普通人。但是在我们成为那个引以为傲的某某某之前，首先可以是一个合格的生活家。作者对生活家的理解是凡倾心于生活情趣，对生活有所顿悟、执念的明智之人，方能称之为生活家。看到这个词最先想到的就是我的母亲，她虽然是下岗工人，但我一直觉得她很伟大，每当有人问起母亲的工作，我都会骄傲地说，我的母亲是一位电工。以前家里的书橱里最显眼的位置放着的就是电工书，上面密密麻麻的字和图直到现在我都不能理解，而母亲却如数家珍牢记于心。小到修电器大到攒电机，那时的母亲在我眼里就是个超人。虽然早年下岗，可母亲靠着自己的双手在别的私企找到了一份工作，那是我第一次知道知识可以改变命运。不仅如此，母亲勤谨、孝顺、谦和的性格一直影响着我，我喜欢看书有一部分的原因也来自于母亲，就算工作再累再忙她每天也会读书，一个人的气质真的是由内到外散发出来的，把生活过成了诗。

谁都渴望一场说走就走的旅行，那可真的需要很大的勇气，而对于我这种刚入职场需要不断积累强大自己的人，我承认我没有那样的勇气，我能做的就是在书里旅行，说走就走有点难，可说看就看却简单得多，古人说“书中自有黄金屋，书中自有颜如玉”，看在眼里的才是真正属于自己的。

在一个离家千里的城市工作，没有家人没有朋友，是书陪我度过了那段漫长的时光。有天下班刚好碰见邻居，是一个有着两个女儿的年轻夫妇，小女儿一岁大，正在咿呀学语，眼睛很清澈，总觉得像天上的星星，会说话。不认生，我逗了逗她竟咯咯地笑起来，那笑为我扫去了上班的疲惫，这笑就像书一样，作用一样。在书中能看到不一样的自己，在书中可以放松心情，让自己明天更努力。

我未入过繁华之境，未听过喧嚣声音，未见过太多生灵，未有过滚烫心情，但书本给了我所有智慧和感情。祖国的大好河山我走过的屈指可数，可我曾在书中将它们一一走遍。都说现在是看脸的时代，真正的美女很少，我也不是，但多读书会让你从内散发出一种美，那美可以改变容颜。

优秀奖

读书体会

马丽芳　天津煤码头公司

公司工会在三八妇女节期间为女员工赠送《未来的你一定会感谢现在努力工作的自己》和《用心做事用情做人》两本书籍，利用工作之余我读完了两本书，书中内容很精彩。首先看了第一本书《未来的你一定会感谢现在努力工作的自己》书中主要讲了你的人生里有没有出现过这样的时刻；想要奔跑，却不知脚步该迈向何方；想要驻足，但时间的沙漏却从不停下；站在人生的十字路口，却彷徨着不知该走哪一条路。

时光荏苒，人生短暂。一辈子不多，只此一次；一辈子不长，匆匆几十年。总有一天青春不再，总有一天我们要和未来的自己见面。那时的我们已然不再年轻，那时的我们已然为人父母，扛起一方家的责任。那未来的我们将会如何回忆现在的自己？未来的我们又会如何看待现在的自己？是否会有遗憾？是否会有不甘？是否会有再活一次的渴望？是否有一些忠告想让现在的自己早早明白呢？

我们不能预测未来，但我们拥有的过去足以为鉴。每个人都盼望未来的自己能幸福成功，能走上憧憬中的道路，能坐上梦寐以求的位置。其实这一切都可以不只是梦想，因为未来的一切都取决于今天的你，你今天踏出的每一步都在为你的未来奠基。你若脚踏实地、努力向前、拼搏进取、执著无悔，未来就会光辉灿烂，不管什么样的梦想都会一一实现；你若浮躁茫然、徘徊不前、挥霍时光、消沉懒散，未来只会一片黑暗，只会让你看到一个又一个梦想消逝的凄惶背影，徒增伤感——所以，只有珍惜今天，奋斗当下，才能把握明天，拥有未来。为了未来的自己，我们应该学会努力、学会拼搏，学会为自己的将来种下勤劳而健康的种子。用忠诚为土、责任为水，浇水施肥，用心耕耘，等待收获精心培育的果实。

或许有人会说，生活太过漂泊，从一个城市漂到另一个城市，感觉自己就像浮萍一样孑然一身，工作也并不那么称心，总觉得前方是暗淡的，看不到属于自己的光。也许是时间让我们悸动的心灵蒙了尘，也许是沸腾而浮躁的社会给我们前进的步伐上了锁，但是我们自己一定要坚持、要相信，要用对生活的热爱和对工作的拼搏为自己呐喊："我所坚持的目标终有一天会实现。未来的我一定会感谢现在努力工作的自己。"

不畏将来，不念过去，活在当下，珍视现在。踏踏实实地过好每一天，不抱怨、不放弃，为自己的梦想拼搏努力，像热爱生命一样热爱自己的工作，将每一份平凡的工作都当成伟大的事业来做；像忠贞于爱情一样忠诚于我们的企业，敬业负责，跳实勤奋，不断进取。只有这样，你的未来才是可靠的、有保障的；只有这样，梦想的实现才会水到渠成；只有这样，我们才会为自己赢得一个辉煌的未来。到那个时候，相信曾经努力过、奋斗过、拼搏过、付出过的每一个人，都会由衷地感谢当年、感谢现在、感谢自己！

《用心做事用情做人》这本书告诉我们，做人最起码的要求得追求一个心安理得，求得心理一辈子安安静静的，这才踏实，这才能一辈子福祉不断。

做任何事情我们都讲一个良心，良心何在，随处都是，只是我们没有用心地去认识他，了解他，善待他，使用他。

良心，就是真情。一个没有真情的人，你给他讲良心，只能让他对你另眼相看，他会觉得你是一个另类。良心多少钱一斤，良心好哪儿有卖的等。这就是一个没有真情的人一贯思维和情感纰漏。都说草木无情，人有情，其实草木也是有情的，在你有意无意地摘下树叶，或折断时，他会疼痛的流下身体的汁液，虽然，言语无法表达，但肢体会发出一股无声的抗议，这就是草木情感，何况是人，是一个有血有肉的高级动物。

在将来，我们每一个人都会面临一个实际问题，那就是自己都会有老的那一天，都会有需要他人帮助的那一天。所以，我们每一个人对待身边的所有人都不要抱有一点厉色之心，都要抱有一个感恩之心，用心地对身边经过的人，一个浅浅的微笑，一个会心地点头，一个无形的召唤，都是爱心天使，赠人玫瑰，手留余香。三月第一个周末，下午在小区的路口等着朋友。就在这时，一个六七十岁的老妇人，无缘无故的一下连人带车摔倒在离自己只有两三米远的路旁，疼痛的无法起身。这时身边前后没有任何行人，本能的快步奔到老人的身边，扶起压在身上的自行车，赶紧又扶起还在呻吟的老人。我问，怎么回事，是不是摔到哪啦。这位老人连声的道谢。“如果，自己觉得不好，就歇一会再走，不要急着走。”“没事，没事的，真的谢谢你了。”

就是随手的这一点小事，这位老人却一连多遍的“谢谢、谢谢”，反而让我觉得无地自容。我们就是出于一种本能，这是一件小得不能再小的事，但这位老人的感恩之情却波澜重现。做一件事我们不是给别人看的，我们是做给自己的良心的，用良心做事，只求心安理得，心中坦然。生活中，我们每一个人都有真性情，有时，真情也许会让冷漠暂时的屏蔽，但是不会长久的屏蔽。大多数时候，我们都会产生一种得过且过的侥幸心理，但是这个且过，会让我们一辈子心中不安。就像多数的罪犯潜逃，一旦被捕，就像泄气的皮球一样，软弱无力。此时的身体软弱，也就是心中放下了一块石头，终究不要东躲西藏的过着胆战心惊的日子啦。既是罪人，短暂或是长久，也希望过得像一个正常人的生活一样，心中才会踏实。此时的心里才能流露出真情，才会死灰复燃，才能够在重生中重新唤起真情延续。

用心做人，用情做事，我们心中才会踏实。社会的情感、人类的情感、人与人之间的交往，相互之间的信任，都必须建立在一个良好的基础上，都是环环相扣的，一环脱节将会如山倒。做人不要把情用到山崖上，让情绝顶处，才会想峰回路转。在人生平坦的旅途中，用情铺就一条宽松的小路，走在上面轻松，惬意，温馨，有如春风扑面。

Part 02

书香，美丽了我的人生

书香，美丽了我的人生

李　鸿　乌海能源公司

记得上学的第一天，我收到妈妈的一份特别礼物：一本精美的古诗词插画和一个漂亮的绣花书包。插画封面和书包上绣图一摸一样，都是荷花图。书包绣图旁边还有红丝线绣的一首杨万里写的《小池》。妈妈说：这些图画美丽吧？那些古诗词文字更美丽！我疑惑地点了点头：什么文字比图画还美？小小的疑问勾起了我的阅读兴趣。

从那时，我喜欢上了阅读，努力寻找着比图画更美的文字。在书中，我学到了很多很多，知道世界是那么的伟大，自己是那么的渺小，正是阅读，让我日渐走出了狭隘的自我，走向沁满书香的新我。

通过阅读，我一天天成长起来，我的视野在拓展，认知在提高，在知识的天地间，我尽情享受着阅读带给我心灵深处的那份愉悦、宁静和满足。

阅读不仅带来了乐趣，更改变和影响着我的人生。

《平凡的世界》就是这样一本好书。记得我十几岁时就读了它。深深被书里那种大时代历史变迁中，重重的人生苦难下，主人公不甘为命运而屈服，自尊、自强、自信，努力创造属于自己美丽人生的自强不息精神所感动。我边读边流泪，常常阅读下来，眼睛也红肿了。为破衣烂衫下孙少平那强烈的男孩自尊心而委屈，为孙氏兄弟默默承受的人生苦难而悲伤，为孙少安改变生活努力拼搏而鼓掌，为润叶不得放弃爱情而惋惜……书中各个人物的命运时时牵挂着我的心、我的情。感觉自己也变成了书中一人物，与他们同呼吸、共命运了。

我从未想到文字有如此的魅力，文学作品有如此的震撼力。

书中精彩句子，更深深印入脑海里，成了我的人生信条。

“生活不能等待别人来安排，要自己去争取和奋斗，而不论其结果是喜是悲，但可以慰藉的是，你总不枉在这世界上活了一场。有了这样的认识，你就会珍重生活，而不会玩世不恭；同时，也会给人自身注入一种强大的内在力量。”我感悟到了，人生要靠自己努力去奋斗！这成为我的座右铭。

感谢阅读，它美丽了我的人生，鞭策着我努力进取！

后来看的书多了，我也尝试着去写作。诗歌，散文，随笔……写作也成了业余爱好。尤其喜欢写点现代诗歌，它形式自由，取材广泛，更易发挥。小小的诗歌收藏住了那些年来溢出的情感。

记得初为人母的我，就用诗歌记录了新生命诞生的喜悦，让我时时刻刻更加珍爱生命，感受生命存在的意义。

三月，是个温暖的季节

三月，是个温暖的季节
带着柔情蜜意
呼唤着四月的细雨
暖意落入掌心
慢慢绽开
温暖了我的心底
三月，是个温暖的季节
带着诗情画意
播种下希望和甜蜜
等待芬芳的花季
花香飘来
摇醉了我的心绪

圣母的小天使
幻化成美丽的蝴蝶
扇动着灵动的翅膀
翩然飞至窗前
告诉我生命的意义—羽化成蝶
我感动着这小小生灵的祝福
禁不住热泪盈眶
细雨如约而至
让我收获了更多的欣喜
写作带给我莫大的乐趣，让我更加热爱阅读。

每当我在工作，生活中遇到困难，面对烦恼时，我就捧起书，和书中那些高贵的灵魂对话，认真聆听大师的教诲，路遥书中说过这段话：“在这个世界上，不是所有合理的和美好的都能按照自己的愿望存在或实现”。每每烦心时，想到它，就释然了。之后，常常感到阳光般的明媚和温暖，内心充满着感激和力量，仿佛一股巨大的精神内核在体内燃烧，热情再次被点燃，于是整理好心情，重新投入到工作，生活中，用更加包容的心态，更加宽广的胸怀，更加缜密的思考去探索人生，去创造生活。平凡的生命因书籍的相伴增添了无限乐趣，平凡的我因书香的浸染，更加从容，淡泊，也日趋丰盈美丽！

让我感到欣慰的是，我的阅读爱好潜移默化地影响着家人。儿子也特别爱好阅读，通过阅读，他更加懂事了、成熟了。小小年纪的他，懂礼、谦让、孝顺，颇招人喜爱。

丈夫空闲下来，也爱看书。我们家最温馨的画面就是一家三口灯下阅读。

正是阅读，让我的家庭更加和谐，更加美满和幸福。

女性朋友们！让我们热爱阅读吧。让墨迹的幽香和文字的魅力慢慢陶冶我们的情操，让我们的灵魂得以升华，精神得以高贵，不再纠缠于生活琐事的烦恼中，不再沉溺于生活的艰辛里。阳光幸福地生活。

腹有诗书气自华。一个与书为伴的女性，言谈举止中散发着从容，优雅的气质，如同一块美玉，由内到外，让人感到美丽润泽，让人有如沐浴春风的感觉。这不正是我们追求的优雅女性的美丽形象吗？

书香，美丽着人生，丰富着我们的生活！

腹有诗书气自华

——浅析读书与女性之美

王　腾　国华电力公司

读书，是母亲从小给我养成的习惯，也是我时至今日仍然坚持的爱好。母亲鼓励我读书的理由非常简单，无非借着小女孩爱美的梦想，灌输给我书籍的益处。她总说，锦衣华服、浓妆艳抹的美丽是短暂而肤浅的，只有饱读诗书才能使貌不惊人的女性散发超凡脱俗的气质。从牙牙学语时的绘本，到现在书房里满墙满架的书籍，是它们陪伴我走过20余载的岁月，是它们教会了我太多父母与老师不能给予我的知识。《红楼梦》里说："才华馥比仙，气质美如兰。"如今我不仅体会了母亲的良苦用心，也更觉得读书的女性真的很美！

内外兼修的知性美

读书的女性未必有令人叹服的学历，但一定有相当的文化素养；读书的女性未必有锦衣华服的奢侈生活，但一定会把自己打扮得落落大方。读书于女性而言更像是一场内外兼顾的修行，它使女人懂得了得体与分寸，也更加充满了关怀与体谅。知性的女人不会为了凸显自己而过分张扬，也不会为了体现个性而穿戴异常，她们举手投足、一颦一笑都是那样的自然而又妥当。知性的女人从不会咄咄逼人地强加自己的意见给别人，也不会悲悲切切地诉说自己生活的不如意，更不会利用别人的家长里短消遣茶余饭后的时光。这份内外兼修的知性美，唯有靠书籍才得以打磨锻造而成。

动静相宜的灵性美

读书的女人会散发出一种玲珑剔透的智慧光芒。她们静得凝重、动得优雅；坐得端庄，行得洒脱。她们好似有洞察一切的力量，有时韬光养晦，有时娓娓道来。灵性美是女人最大的智慧体现，是荡漾在意识与无意识之间的直觉，是包含着深深理性的感性。灵性美的女性善解人意，知道你想什么要什么，懂得何时应沏一壶茶，何时应斟一盅酒。和这样的女人相处，你只能默默感叹于这种“心有灵犀一点通”的感觉，望着她们浅笑嫣然。这种让人赏心悦目的灵性，也许就来自豪迈的史湘云、聪慧的薛宝钗、幽怨的林黛玉、泼辣的王熙凤，也许来自于追求平等与自主的《简·爱》、美丽勇敢的郝思嘉、孤芳自赏落落难合的苏文纨，亦或是女性解放与自然魅力的代名词——可可香奈儿。总之，体会过书中百味人生的女性，怎能不充满智慧与灵动。

宠辱不惊的韧性美

无论古今还是中外，对于女性的刻板印象无非都是柔软与稚弱。然而，书籍却可以给予她们大格局、大光明、大智慧。读书的过程更是对性格的磨炼，使女性的人生更加饱满、意志更加坚强。读书的女性不会与人针尖对麦芒地较真，但一定会默默坚守心中的那份信念，绝不屈服。她们自信果敢、坚毅不屈，而又从容不迫、按部就班，她们强大的内心总能给身边人一种莫名的心安。因此，她们也更能在安然恬静中体味人生，能在白水清茶中“宠辱不惊，闲看庭前花开花落；去留无意，漫随天外云卷云舒”。

世俗的美会随着时代的变迁而变化，昨天的妖冶会成为今天的时尚，今天的美丽也会成为明天的庸俗。唯有书籍可以锻造女性专属的睿智知性美、优雅高贵美、健康时尚美。正如著名女作家毕淑敏所说：“日子一天一天地走，书要一页一页地读。清风朗月水滴石穿，一年几年一辈子地读下去。书就像微波，从内到外震荡着我们的心，徐徐地加热，精神分子的结构就改变了、成熟了，书的效力就凸显出来了。”读书的女性就是在这种厚积薄发中，形成了那道独特而又靓丽的风景线。

爱读书的女人最美丽

李妙灵　神东集团

伟大的哲学家培根说过，读史使人明智，读诗使人灵秀，数学使人周密，科学使人深刻，伦理学使人庄重，逻辑修辞学使人善变……

爱读书的女人心里是滋润的。因为心灵滋润，所以美丽常在。罗曼·罗兰这样劝导女人：多读些书吧，读些好书，知识是唯一的美容佳品，书是女人气质的时装，书会让女人保持永恒的美丽。

爱读书的女人，把大多的时光耗用在书上。读书对于她们，是一种行为习惯，是一种生命要素，是一种生存方式，与那些追求华美外表，追逐荣虚功名的漂亮女人相比，她们才是懂得保持生命内在美丽的智者。

爱读书的女人，她不是玫瑰，玫瑰比她娇艳；她不是美酒，美酒比她芬芳，她只是一杯散发着幽幽香气，杯心却宁静而安详的淡淡清茶；她只是远在天边，伴随日月冉冉升起的一抹红。她的天生丽质，她的气若幽兰，她的波澜不惊，她的聪慧机智，不施脂粉亦显得神采奕奕、潇洒自如、风姿绰约，秀色可餐。这样的女人，本身就是一部书，一部耐人寻味的好书，更是自然美的女人。

爱读书的女人会思考

爱读书的女人冷静、淡定、从容、得体。她们做事会思考，知道怎么才能想出办法，她们做的每一步都是深思熟虑过的，不会凭直觉判断，凭个人喜好去解决问题，这些都是平时缺乏读书的人所欠缺的。她们不光智商比较高，情商也过人，她们善于从纷纷扰扰的世界厘出头绪，抓住根本和要害，然后迎刃而解。她们解决问题的方法，就像二月里春风，删繁就简，插柳成荫。有人说，遇到同样难解的事情，男人习惯于用三板斧，杀气腾腾人心惶惶；而读过书的女人，则会高高举起手中的火把，照得人心亮堂堂，暖融融。

爱读书的女人会说话

她们善解人意，话语情深，意味深长，口中有德。经常读书的女人，不会乱说话，言必有据；不嗔不怒，不妄言狂语，不信口雌黄，也不会人云亦云。和这样的女人交流，你会有这样的感受：或笑靥如花，绵里藏针；或玉音婉转，柔情绕指；或像大丈夫一样，一言九鼎，立字千钧。

读书是女人的立身之本。喜欢读书的女人，学历可能不高，但一定有文化修养。有文化修养的女人大都知书达理，处事冷静，善解人意。经常读书的人，一眼就能从人群中分辨出来。特别是在为人处世上也会显得从容、得体。

爱读书的女人有智慧

女人读书，是用一颗心在听故事。那一颗善美的心，听到凄凉，就会伤心同情；听到丑恶，就会愤世嫉俗；听到捷报，眼泪就会飞。有时候，她们会用豁达的心，在书的细微处听出世态百相，也会用玲珑之心，于跌宕起伏的故事里将漫漫人生看得通透。所以，她们读书，思路开阔，情感丰富，世事洞明；读书使她们有思想、有主张、有行动，成熟而有力量。

爱读书的女人，不管走到哪里都是一道美丽的风景。因为爱读书，书能影响人的心灵，而心灵和人的气质是相通的，故学问改变气质。她们往往因优雅的谈吐而超凡脱俗，因清丽的仪态而无须修饰。那是静的凝重，动的优雅；坐的端庄，行的洒脱。读书是对女人秀外慧中的完美打造。

爱读书的女人，用一颗豁达的心去读书，去体味书中的微妙之处，去汲取书籍中的养料。古人云：熟读唐诗三百首，不会作诗也会吟。书中自有黄金屋，学习别人的优点，你将成为一个精品；学习别人的缺点，你将成为一个废品，有为才有位。毛泽东同志说：“女人能顶半边天”，女人要想顶起这半边天，需要工作、相夫、教子、持家，需要智慧，更需要知识，知识从何而来？——书会教会你一切。

腹中有书气自华，女人爱美丽，美丽的女人爱读书！

优秀奖

做书香女子，品美丽人生

刘海蓉　杭锦能源公司

最近有一部很火的电视剧《欢乐颂》，剧中的“五美”深入人心，不同的人物性格反映出不同的美丽，以至于让一部分人异想天开，遇到一个集齐“五美”优点的完美女朋友：像安迪般的才干与能力并存，智商与美貌兼备；如曲筱绡般的精怪洒脱和犀利不矫情；樊胜美的坚强美丽和热情仗义；关雎尔的认真懂事和知书达理；还有邱莹莹的乐观开朗和单纯可爱。这真是痴人妄想啊！其实女子的美，是千姿百态，仪态万千的，并无定论。

女子的美，或许她“回眸一笑百媚生”，或许她“巧笑倩兮，美目盼兮”，或许她“清水出芙蓉”，或许她“丹唇外朗，皓齿内鲜，明眸善睐，靥辅承权”。总之，古人总是会有千百种的文采去形容不同女子的美丽，让人们无限遐想，在当今，人们对女子的美有了更高的期望和诠释，有一位台湾诗人就说过：“我心目中的女性形象，是闻过书香的鼻，吟过唐诗的嘴，看过字画的眼。”说实话，这样的女子我也喜欢，也许没有沉鱼落雁，或是闭月羞花，但她们清新、淡然、娴静、温婉；这样的女子，也许不是摩登时尚的，或是前卫大方的，但她们却柔情似水、秀雅隽永，充满了智慧与美好。

我从小喜欢看书，因为读书是爷爷每日的习惯，无奈家里的情况，买不了我需要看的书，而那个时候也没有电子书这个东西。偶尔遇到一本喜欢的，都要缠着妈妈磨半天才能到手，或是找别人借来一看，然后每晚都是从兴奋地举着一本书钻在被窝里开始，到最后困意压着书盖着一张半睡半醒的脸结束。后来在老舅舅家里发现很多的好书，从《格林童话》到《大学》，从《一千零一夜》到四大名著，于是再也不会放过去他们家的机会，一去了就马上跑到他家的书房门口可怜巴巴的张望，然后在听到一声“进去玩吧”的号令后，一头扎进去，不想出来。良好的习惯是需要耳濡目染的，现在连五岁的弟弟都要看一会故事书才能说晚安。

最近看了大冰的书，《乖，摸摸头》和《阿弥陀佛么么哒》，这个集主持人、民谣歌手、酒吧掌柜、羊汤馆老板、作家、业余皮匠等多重身份的人，在看了他的书后感觉非常暖心，非常感动。这两本书记录了大冰十余年的江湖游历，以及他和朋友们的爱与温暖的传奇故事。每本书都有12个故事，12个故事，12种温情。我最先看的是后一本书，在读完第一个故事“一个孩子的心愿”后，心里最柔软的心弦被触动了，却又欲罢不能，只能把越阳留下的那些被他喜爱的民谣歌手们谱了曲、用心演唱的歌听了一个遍，用来平复心绪。妹妹告诉我：“你可以先看他的另一本书《乖，摸摸头》，会更有感觉。”于是，我听取建议。今天，看到了“听歌的人不许掉眼泪”那一章，故事里大树和兜兜凄美的爱情让人动容，那样的兜兜也让我印象深刻，我努力的想象着她的样子，她该是怎样的女子？让大树对他不离不弃。知性，善良，爱写诗，爱画画，爱旅行，举手投足自有调性，在病魔到来的时候坦然面对，站在乌兰巴托的夜下背影如烟云。是的，一个在举手投足间、言谈笑语中散发出淡淡优雅，流露着镇定从容的女子；清婉灵动，朴素淡雅，充盈着书香气质的女子，即使她没有青春靓丽的外形，窈窕婀娜的身姿和时尚前卫的服饰，但她仍然是有魅力的，仍旧会招人欢喜。

“腹有诗书气自华”，这话一点都没错，不分年龄，不分国界，不分性别。英国文艺复兴时期散文家、哲学家培根曾说过：“读书给人以乐趣，给人以光彩，给人以才干。”古人也有“富者因书而贵，贫者因书而富”的金言。高尔基有一句让我们都很熟悉的名言：“书籍是人类进步的阶梯。”的确，在提升自我、修炼素养的路上，读书是最有效最实用的一条途径。但对于女子而言，书也许还是最好的护肤品。可能书没有兰蔻、雅诗兰黛、娇兰、倩碧那样昂贵艳丽，但它却可以让女子们净化心灵，美化内在，提升素养，修炼气质，而且永远不会有失效期。腹中有书的女子，一颦一笑之间都会多一些书卷之气，言语谈吐之间都会多一份闻达之理，犹如一杯清香的茶，余烟袅袅，幽香淡雅；喜欢读书的女人，浑身都流溢着书香文化底蕴，护肤品纵然好，可以通过化学反应暂时“冻龄”，但美丽的容颜终究会老去，清秀的相貌也不会被定格，依旧抵不过无情时光的慢慢磨蚀，敌不过岁月催人老的事实。但读过的书、留在心里的知识精华和在读书过程中获取的智慧结晶不会随之逝去，反而随着阅历的久远不断的积累，会让我们变得睿智聪慧，温润如玉，光芒四射，惊艳绝伦。这样的女人，清纯隽永，傲立繁华，经得起岁月的磨砺和考验，悟得出人生的美好与极致，无论走到哪里都是一道风景。

我曾经看过大冰的一段即兴演讲，记得有一段话大概是这样的:“在我的认知当中，有一个词非常重要，这个词叫作阅历。阅是阅读，读书，再往深了说就是有质量的信息索取；历是游历，行走，再往深说就是有质量的人际沟通交往。二者相加，才能构成不断成长、不停成长的个体单位的心智健全的自然人。”当然，要想有质量的人际沟通交往，就要有一定的信息，腹有诗书！读书，是必不可少的。正是这样持之以恒的阅读，日积月累地熏陶浸润，才会让一个自然人在时光的流逝中如同一块被岁月打磨的玉石，褪去青涩和浮躁，留下温润睿智、从容温暖。

优秀奖

女人的才情源自阅读

李育爱　神东集团

多读书养才气，慎言行养清气，重情谊养人气，能忍辱养大气，温处世养和气，讲责任养贤气，济苍生养底气，淡名利养正气，不媚俗养骨气，敢作为养浩气。

——写在前面

那些能博览群书的人都是爱读书的人。读那么多书也并不是他们比别人生活得清闲，而是这些人能够忙中偷闲地读书，读书已成了他们日常生活中不可缺少的一个习惯。正如常言说的那样，习惯成自然。

那些常抱怨自己没时间读书的人，其实都是不爱读书的人。即使有大把的时间他们也不会去读书的，他们宁可把时间娱乐在麻将桌上，消费在酒酣饭饱 K 歌中，或者是抱怨自己工作忙、应酬多、家务琐事多……似乎忙得没了自己的时间，哪里还有闲时间去读书呢。

读书于女性而言是有千利无一弊的。而且“女性每天读书不应少于 30 分钟。女性如果不读书，没有知识就会变得无知、肤浅、粗俗，就会被时代所抛弃。”女人都爱美，在我认为，读书的女人最美。知性的美丽，是由内而外表现出来的才华、气质、修养和人格魅力，这种知性的美丽是岁月积淀而成。多读书，读好书，会让女人保持永恒的知性美丽，书可以让女人变得睿智，变得成熟，变得美丽。

读书是女人的立身之本。读书的女人，多一分聪颖，有理智的头脑和质朴宽广的爱。书中的养分胜过五花八门的化妆品。咀嚼文字，不经意中添加的是一份由内而外的美丽。读书的女人，才有善解人意的修养和高尚的生活情趣。即使容颜逝去，举手投足中的优雅气质仍会让女人如同脱俗的玉兰，散发着沁人心脾的香气。读书的女人，乐于思考，勇于决断，充满自信的把握自己的人生。书如明灯，女人心怀理想，纵然孤身漫步，也不会寂寞和孤独。读书的女人，智慧不光只为自己添加。她的智慧修养给孩子良好的熏陶，给爱人最大的理解和包容。这样的女人，魅力是不会轻易随着红颜而消逝的。

读书的女人，心有见地，必将温和、善良、美好、娴静。

读书的女人有品位，那是书给了她底蕴，知识陶冶了情操，使她变得温文尔雅，善解人意，因而就有了一般女人所没有的味道“学问改变气质”，那么读书是永葆青春的源泉。女人要想有味道，不妨自己多读书。

读书的女人，永远有一份不过时的美丽。读书足以怡情；读书足以博彩；读书足以长才。怡情，见于独处幽居之时的安然宁静；博彩，见于高谈阔论之时的妙语连珠；长才，见于处世判事之际的果断理性。读书可以充实；读书可以脱颖；读书可以升华。读书使人明智，读书使人冷静，读书使人灵秀，读书使人谦逊。读书的女人，心有梦想，会把自己引向蓝天白云、鸟语花香。

读书的女人，心有琴弦，纵然自由漫步，亦有清风作陪，花鸟为伴。读书的女人，有豁达的心胸和高尚的情趣。即使容颜逝去，心境仍然年轻，因为她们懂得，与其沉浸在忧郁里劳神，不如释放到书中放松。

作为新时代的女性，我们更应该要多读书，读好书，为自己不断充电，不断提升自身的文化修养和理论修养，让自己的孩子和身边的人感受我们身上的书卷气息，让他们也爱上读书。读好书，做书香女人。让自己如：春阳般温馨浪漫、夏花般灿烂多情、秋果般甜美醇厚、冬雪般心灵纯净。

优秀奖

书籍是打造魅力女性的根源

钞　静　神东集团

有人曾说：魅力女性并不在于外表的美丽，吸引你，仰慕她，靠得不仅仅浅露于外，而是由内而外散发出的那种韵律。

——题记

在我们陕北，流传这么一段话：米脂的婆姨，绥德的汉。印象当中，以米脂婆姨长相漂亮而得名。经询度娘，却是在东汉末年的一年冬天，一个背着三弦的白胡子老头讨饭归来，在河滩上捡到一个初生女婴，后起名叫貂蝉。长大后的貂蝉和吕布一起除掉了奸贼董卓，为国为民除了一大害。在人们的赞美声中，中原大地上就传颂开一句“米脂的婆姨绥德的汉”的俗语。看来，女性的美，不仅在于外表的美丽，贵在拥有智慧。那么智慧何来？回答毋庸置疑，所有的智慧和内涵最重要的来源就是书。

纵目观看古今，武则天治国有方；李清照赢得了婉约派词人“宗主”的地位，成为婉约派代表人物之一；宋美龄通晓六国语言，是一个琴、棋、书、画样样精通的人。举不胜举的女性，是她们的聪明，智慧，使得她们逐步在社会上扮演了重要的角色，推动着社会政治，经济，文化的不断向前。可见，不论在哪个朝代，都是女性自身独到的聪颖，贤良淑德，知书达理，细腻温婉的性情成就了她们一生的荣光。正所谓：“书中自有颜如玉，书中自有黄金屋”，是读书成就了她们。

一本书，成就了一个女人的命运。

玛格丽特？米切尔，十年磨一剑，其作品《飘》称得上有史以来最经典的爱情巨著之一。向我们展示了一个勇敢乐观，坚强向上的郝思嘉的爱情故事，把一个渴望爱情，渴望安定，渴望生存，渴望富裕的女主角的心路、心酸历程，跃然纸上，刻画得淋漓尽致，激荡起读者的同情，成为当时社会的映射。使得玛格丽特成为1937年普利策奖获得者。

一本书，改变了一个女人的命运。

在古装剧中，大家闺秀女红要好，琴棋书画要通，熟记《女儿经》，在读完《女儿经》时，感触提倡女子要尊老孝亲、勤俭持家、尊重丈夫、教育子女、宽以待人、举止得体、在为人、处事、治家等方面，教导女子贤淑。最深得传承的莫过于唐太宗李世民的皇后长孙皇后，史上著名的贤后，生性节俭、深明大义，可以说是唐太宗开创李唐江山和“贞观之治”的幕后英雄，而这与长孙皇后的贤淑是密不可分的。

一本书，成就女人成为最牛的外交官。

最著名的是唐太宗时期，文成公主下嫁番邦国王和亲，最想带走的便是书籍，吐蕃松赞干布因娶公主，羡慕华风，派吐蕃贵族子弟至长安国学学习诗书，在唐境聘请文士为他掌管表疏，治理国家。正是在才女文成公主的影响下，汉藏两族的友谊有了很大的发展，所以把文成公主誉为最成功的女外交家。

一本书，让女人成为贤内助。

婚后的女子，承担起媳妇、妻子、母亲等角色。不能因家庭琐事发生争吵，主动承担起家务活、教育子女、孝敬父母的责任，还要正确处理好家庭、邻里关系，保持温馨、和谐、舒适的环境。这些靠的还是潜心学习，不仅拓宽了我们的视野，更使得我们的深情、柔情、亲情营造了温馨的家。

一本书，让女人变得有个性。

女人如花，娇艳欲滴，犹如美丽的风景，令人赏心悦目。女人如水，柔情似水，犹如微波荡漾，令人心旷神怡。女人如山，巍峨俊美，犹如母亲，博大的爱滋润着大地，令人高不可攀。

对女人而言，读一本好书，是女人最好的护肤品，是女人保持魅力的法宝，是时代赋予女人修炼成一位魅力女性的制胜。读一本好书，让女人变得聪明，增加生活的情趣，陶冶了女性的情操。读一本好书，让女人可以修身养性，由内而外散发那种韵律。读一本好书，让多读书的女性更加积极，更加阳光，迎接崭新的未来。姐妹们，多读书吧，愿你我都成为魅力女性。

优秀奖

做智慧女人，品百味人生

——用心灵感受生命中的每一段路程

徐文静　国华能源投资公司

有人说："一个将修养与智慧并重的女人懂得把美丽炼成自信，把年龄化为宽容，把时间凝为温柔，把经历写成厚书。她们在岁月的淘洗中日渐绽放出珍珠般的光华，时间和经历甚至可以成为她们骄傲的资本，在轻描淡写中微微一笑，流露出令人难以抗拒的温柔与从容。"

内外兼修，做智慧与优雅并存的知性女人是许多女性一直以来想要实现的目标。但是，当柴米油盐与书香笔墨相冲突的时候，更多的是选择那个关系到我们温饱的关键。尤其是做了妻子、母亲的我们想得更多的应该就是家庭和孩子了。这就是传统意义上讲的，女人一旦结婚那就是要过相夫教子的生活了。但是，在当今社会，女性已然不再是留守家中，洗衣做饭看孩子的角色，承担的更多的是全面的家庭事务，当然也包括挣钱养家。所以，相夫教子的意义也发生了一定的变化，那么作为新时代的女性，如何能相好夫、教好子，这是我们需要不断学习的，学习如何做一名有智慧的女人。

古语有言：秀外慧中。那么智慧自古以来就是女人不可缺的养分。台湾作家曹又方在她的《做个智慧女人》一书里反复阐明："女人可以不美丽，但不能不智慧”、“唯有智慧能重赋美丽”、“唯有智慧能使美丽长驻，唯有智慧能使美丽有质的内涵”。书籍是人类智慧的结晶，不管你现在的生活状态如何，读书都是提升魅力的重要路径。读书，特别是阅读那些出自文学大师之手的书籍，等于与大师进行对话，与智者进行交流，是成为智慧女性的一个有效的途径。从去年开始，我有闲暇就会读几本书，不为别的只为让自己的心灵变得充实，也在书中找寻一些心中的疑问和困惑，通过书籍在这个繁杂的生活中寻得一份安静，更是从书中看看如何做好现代社会中“相夫教子”。这些书籍有的是朋友推荐的，有的是自己认为需要的，还有的是闲着没事看着玩儿的。不论是哪种，我都在书中获得了或多或少的“营养”。额尔古纳河右岸、谋略大师、摆渡人、追风筝的人、湖光山色、许三观卖血记、暗算、命运之星、谋略大师、深河等等，在这些书中我品味到人间百态、品味到百家人生，每一本书读完，就像和主人公走过了一次她的人生，不论是温馨的还是悲苦的，都对自己的人生、生活、思想有许多思考，都会震颤到内心深处那个唯有书籍方能拨动的心弦。

通过读书，通过品味百家故事、经典道理与生活感悟，为我们的生活带来新的启迪。也为所谓的“相夫”、“教子”工作和生活带来新的注解。相夫：我觉得是与丈夫相互扶持走过一生，是两个人共同进步，相互激励方能达到的。与过去意义上的“相夫”不同的是，不仅仅是对丈夫要在生活上照顾好，事业上要多进行有益的“辅佐”，形成一个家庭中“男主外，女主内”的和谐局面。而是作为新时代的女性，我们需要更加的独立、自信、智慧，有与男人一样的担当与责任，这样才能更好地辅佐丈夫，更好地与他相互扶持、相互依靠。这就要求我们女性不仅要做到过去意义上的相夫教子，还更多地注重自身的成长与发展、更加科学地教育子女、做利于家庭建设的一切事宜，这些是现代女性在家庭角色中需要担负起来的使命。在教子工作上，如何将子女教育的优秀，已然是作为父母的我们一生的课题。所以，为人父母自身提升与学习成长也更加重要，以身作则，榜样教育将成为一段时期内家庭教育的主导思想，因为从孩子身上可以看到父母的影子。在《规矩和爱》、《好妈妈胜过好老师》这两本书中，我学到如何做一个合格的父母，如何与子女更好的相处，如何让我们的生活更加的丰富和成功。

作为一个集感性、理性、知性三性合一的当代女性，书籍会带给我们的东西往往会超越我们自己的想象。读万卷书，行万里路。书上读的东西源于生活，却又高于生活。不能尽信书，也不能不信书。每个女人都是一本书，每个男人都是不同的路。读书不在一时兴起，一时感悟。更重要的是要把内心没有的那一部分及时补充上，是要对内心潜移默化、对外界涓涓细流的过程。

要做知性女人，其实还有一层更深刻的含义，那就是这是女人特有的一种聪慧，它源于女人所受的教育和环境。并非所有看上去文文静静的女人都可以被称为知性。知性是一种积累，思想知识的积累，生活阅历的沉淀。所以，要成为现代女性，书籍绝对可以称得上是我们的良师益友。生命中每一段旅程的体验都可以从书中找到共鸣，每一种矛盾都能从书中找到解答，每一次困惑都能通过书籍打开心灵之窗，让我们走向坦然。所以，书籍已然渗透到我们的日常生活中、渗透到我们平时的为人处世中、渗透到我们的灵魂深处。

回顾我与书籍结缘的些许年头，我想告诉我身边的所有人，读书远比电子产品带给我们的更多，那是一份宁静的豁达，能够让我们以一颗恒久的平常心洞悉身边的人和事，书中那些闪耀着真理光芒的字句，会在时间的见证下丰富着我们心中的那座智慧宝库。经过书籍日积月累的浸润，气质会逐渐变得高贵而不媚俗，性情逐渐变得成熟稳重，内心逐渐变得博爱谦卑。我也愿意并呼吁大家为我们的孩子在我们的家庭中营造一个良好的书香环境，在给自己充电的同时，培养孩子阅读书籍的好习惯。让书籍带领我们感受生命中的每一段旅程，每一段在书籍浸透下的别样旅程……

书香女人恒久美

赵巧玲　销售集团

女人都爱美。但容颜终会老去，就像眼角日益凸显的鱼尾纹，就像日渐浓重的黑眼圈。

女人的美，与心态和年龄是有直接关系的。好心态既有先天的恩惠，也有后天的修为。随着阅历增长，渐渐感悟到，但凡会活的人大多年轻。

当女人实在无法阻止衰老的进程时，不如静下心来读书吧！再好的感情终有淡去的那一天，但与书为伴，会始终如一。

人与人交往久了，外在已经没有初始那么重要，除非你遇到的是浅薄之人，时间会沉淀最有价值的交往和最值得交往的人。读书会让自己变得更优秀，读书也可以让你遇到最优秀的他。

在这个让人越来越不安分的时代里，如果能静下心来读读书，你的精神世界将变得无限广阔，即使寂寞，也是一个人的独欢。

当所有的过往都已云淡风轻，唯有读书留下的精髓在历史的长河中熠熠生辉，并化作前进的力量，这是一种美妙的感受。

真正的阅读，是发自内心的喜爱，是自己与作者以及书中的内容融为一体的快乐旅程。带有功利和目的性的读书是违背人的天性的。

阅读带给人的心灵感受是奇妙无穷的。当你静静地捧读一本书时，你会进入到一个更加细腻更加博大的精神世界。如果你在沙漠里行进，而阅读能让你找到置身绿洲的欣喜；如果你的情感失落，阅读能让你找到知心爱人的感觉，那么，这样的阅读就是最接近灵魂的。

那一刻，即使全世界的人都寂寞，你都不会感到孤独。你的思想和心灵是无比丰润的。

很多快乐需依附他人或旁物才能实现，唯有阅读，是一个人的心灵之旅。它是那么简单又是那么丰盛。简单到只有自己就足矣，丰盛到世间所有的快乐都可以。

一个人的偷欢和惬意，是没有真正体味到阅读乐趣的人无法抵达的境遇。当你无力在生活中获得你想要的，那么，就让阅读来帮你实现吧！

读书不是为了简单的码字，而是为了生活，怎样快乐的生活。没有人不为生活所累，在这个层面上，男人和女人都是一样的。读书可以放大你的格局，化解你的忧伤。

女人对家庭和孩子的影响至关重大。一个家庭的快乐与否，与女主人有直接的关系。女人快乐了，一个家就不失阳光；女人忧郁了，整个家都缺乏生气。而一个爱好阅读的母亲，对于孩子的正能量引导毋庸置疑。只有胸中有山水的人，才能带出格局不一样的孩子。

云南丽江的古城有一块石碑，上面写着：天雨流芳。这是纳西族的语言，翻译成汉语就是：去读书吧。多美！

读书是心灵层面的美容。与书香为伍的女人知性优雅。那是一种恒久美，不因时光而暗淡，反因岁月而生辉。

优秀奖

浸染书香中的欢愉生活

庄海琼　铁路货车公司

“读书多了，容颜自然改变。”读到三毛这句话，在最爱美的那个年纪，我想要读书改变我的容颜，让我变得美丽。书一天天的读，便渐渐地爱上了它，我还是那个我，书成了我的良师益友。

闲暇时，沏一壶清茶，捧一本小说，沉浸故事中，随着故事情节发展，时而潸然泪下，时而哈哈大笑；当读到一篇精美散文时，犹如与老友谈天，听她倾述灵魂深处的声音；穿越唐朝，一首首经典唐诗，一样的山，一样的水，经过诗人的笔端，展现在我们面前的是一幅幅优美的画卷，又仿佛置身于“明月松间，清泉石上”，“大漠孤烟、长河落日”中，流连忘返不愿归来。书带给我的是心灵的愉悦，像一股清泉流进我的心田。

我爱读书也爱买书，虽然现在电子书很方便，随手拿出手机就可以翻看，可我还是喜欢，听轻翻书页的声音，闻书页中的油墨香味。我碰到一本喜欢的书，就如大多数女孩买衣服，家里明明很多衣服了，因为喜欢嘛，也一定要想尽办法带回家，所有的不愉快都会抛到九霄云外。

一本好书拿回家，在书的首页，写下自己的名字，可以在书上随意地做笔记、划线，反复地阅读，每一次翻阅，都有不一样的收获。比如第一次读路遥的《人生》，只读到一个故事，为啥这个故事，书名是《人生》呢？第二次读时，突然明白，在主人公高加林和刘巧珍的人生故事中，人走错一步，可以影响人生中的某个时期，也可以影响人的一生。一本好书就像一盏明灯，指引着我前进的方向。

经常把书带回家，书橱渐渐地放不下了，书占满了床底、床头、窗台。曾想着把客厅的沙发搬出去，增加一组书橱。先生说：“家有多大，你就能摆多远，不如再买套房子呗！”我嘿嘿笑道：“我们家，可以没有沙发，不可一日无书呀！”

见我买书读书近乎痴迷，先生叫我“书痴”，为了防止我犯“痴”，和先生出门之前，他总会说，今天不准逛书店、街边小摊、图书馆一律不允许。当时答应他不去，但一路过书摊，瞟了一眼，就走不动了，书摊的书便宜，一边说一边挑一本《不输在家庭教育上》递给他，告诉她这本书从幼儿到高中，分析小孩心理，家长如何应对，和咱儿子有关系。见他翻看时，我便快速看别的书，看看有没有吸引我眼球的读物。或是拿起一本菜谱说：“我只想看看这道菜怎么做，学会做给你们吃。”只是后来，那本菜谱成了先生的好帮手。我现在还记得先生系着围裙，一手拿着菜谱，一手拿着勺子，嘴里念念有词，这个适量，那个适量，给我们做菜的场景。

不知不觉中，读书成了我们生活的一部分。每到一个新的城市游玩，一定要去当地书店或是图书馆看看。每周去图书馆的时间，是我们一家最愉悦的时光。出来时一起聊聊书的内容或是谈谈对一本书的看法。比如，我们读李清照，儿子说：“琴棋书画样样精通真是了不得。”我说：“婚姻还是门当户对，比较幸福。”先生顿了顿说：“其实我觉得吧，李清照不旺夫。”我一愣，“怎么讲?”“你看哈，男人在外做官，她就写‘卷帘西风，人比黄花瘦’，那一腔幽怨，哪位男人看到能安心做官呢？还有呀，情商不高，和赵明臣一起收藏了那么多字画，足够她晚年生活，可是她呢？在赵明臣病逝后，先被抢，后被骗，晚年生活那么凄惨。”不同的生活经历让我们对书有着不同的理解，分享读书心得，让我们的家庭更加和睦。

浸染书香，朦朦胧胧间，读书让我们的生活变得欢乐愉悦。

Part 03

书香，生命永恒的味道

二等奖

观　书

邱京燕　国华电力公司

我叫“观书”，这个名字代表我，漫步在网络里：QQ、微信、曾经的微博……

这两个字是十多年前儿子帮我注册QQ时，在键盘上随手敲出来的，我非常欣喜地接纳了它，立刻觉得这就是我啊！所谓的缘分、眼缘什么的统统不在话下，简直就是命中注定，如获至宝，让我自己想也想不出这么好的名字。

喜欢这个名字，一因为爱书，爱看书，因爱而凝神谛观；二不得不承认好像我并不耽于书，与纯粹书中的世界保持着一点理性的距离。读书，像钻研，有点正式；看书，似乎泛泛、随意了些；观书，恭敬而不即不离，正正好。

与书之间的故事，有一些。1985年，刚上大学，每月生活费20元。在省城的新华书店里，清晰记得我看到了《简·爱》、《钢铁是怎样炼成的》，还有厚厚的那本商务印书馆的《现代汉语词典》。那时候对20元如何过一个月的生活还没有概念，只是反复算计着如何把兜里的十几块钱换成最多的书，结果是买了词典和《简·爱》，就仅剩2或3分钱了。然后抱着书满怀欣喜地走了十站地回学校，连5分钱可以坐5站地的钱都不够。接着便是不知道要怎样才能把那个月熬下来，好在当时学校免费给学生发餐票。几枚硬币静静地躺在枕头下面，似乎每天我都枕着淡淡的忧愁和一些满足感，情绪复杂地入睡。今天，词典立在孩子的书桌上，《简·爱》放在我的书架上，偶然看到，眼前就出现一个瘦瘦的姑娘抱着书，迎风走在城市街道上的样子。

参加工作后，就可以买很多书了。工资不多，但在漂亮衣服与书籍的竞争中，似乎在衣服上的犹疑更多，看到喜欢的书往往不假思索拿下。这样陆续积累了一墙满架的书，每次搬家总要先给书封箱打包，总不在被淘汰的物件里。因为书之于我的意义重大，他们是我的老师、引导师、心理咨询师，是很奇妙的灵丹妙药，还是生活的必需品。

既然说到了简·爱，就说简·爱。很多年，那个有着深邃黑眼睛的姑娘一直伴随着我，从多愁善感的文青到饱经风雨的中年，童年相似的寄人篱下生活，艰难日子里的坚持与求索，让我把她奉为精神导师，困境时坚守，顺意时感恩。无助的时候，也像她一样，坐在长长的窗帘后面，一边看窗外的万物，一边静静地读她，循着她在洛伍德义塾、在荒原庄、在桑菲尔德庄园的足迹，触摸她的孤独，她的坚强独立，善良美好，聪颖智慧，还有她的以德报怨，感知她内心的强大力量。于是内心慢慢平复，一切归于平静，如同那个有着绿宝石眼睛的郝思嘉所说的一样：明天，又是新的一天。

书不仅能给人力量和智慧，还常常带来难以描述的享受。生来不能饮酒，但每每读书入境至酣处，血脉涌动，豁然开朗，常想，美酒带给人的感受也不过如此吧。

最美好的事情还是与孩子共读。记得《哈利·波特》陆续问世的时候，每出一本，我们便第一时间买一本，家人共读，刚上小学的孩子也搬着读得津津有味。当还是满脸稚气的孩子忽然有一天与你讨论起书中的情节、人物、场景，甚至说妈妈我考考你时……真让人激动。那些城堡、扫帚、飞路粉、小精灵、魔法石、隐身衣……在他的世界里活跃而灵动，我知道，从此，读书是他生活的一部分了，美好的体验和读书的习惯也将陪伴他，带给他成长过程中最好的营养。现在，我儿子研究生刚刚毕业，闺女也即将读研，我们在一起谈论的话题很丰富，思路很开阔，他们都性格开朗，乐观向上。我知道在这平凡但温暖的小小成就里，书籍的力量功不可没。我的书，感谢你！

年龄渐增，文学类书籍读得少了，近年来多读些史哲、宗教类的书。也难怪，生老病死，人总归是要经历要参透。读这一类的书让人对生命的理解更深刻，更清醒，对人对事更宽容更理解，不耽于往事，不执著未来，人也变得平和柔顺，生命似乎进入河流平缓的中段，少有激荡，不再回旋，就这样慢慢流淌，欣赏着河两岸的四季风景，“春有百花秋有月，夏有凉风冬有雪。若无闲事挂心头，便是人间好时节”。

感谢有书的日子，感恩有书的生活。朱熹的《观书有感》说道：“半亩方塘一鉴开，天光云影共徘徊。问渠哪得清如许？为有源头活水来。”书，就是那潺潺的清泉水，滋养着我的气质、气度、气韵，滋养着我的生活，还滋养着我的孩子，一生有书，一生幸福。

读经典　知大义

徐映霞　四川能源公司

《三国演义》一直是我非常喜欢读的一本书。书中写了三方势力的兴衰史，从桃园三结义至三国归晋，共经历了五大时期，便是黄巾之乱，董卓之乱，群雄割据，三分天下和天下归晋。

在《三国演义》中，我最欣赏的人是司马懿。虽然在书中他出场的时间不及刘关张，但他确实三国时期魏国杰出的政治家、军事家，西晋王朝的奠基人。曾任职过曹魏的大都督、大将军、太尉、太傅。是辅佐了魏国四代的辅政之重臣，后期成为掌控魏国朝政的权臣。善谋奇策，多次征伐有功，其中最显著的功绩是两次率大军成功抵御诸葛亮北伐和远征平定辽东。

在《三国演义》中先后出现了200多位牛人，为什么三国的牛人会这么多？这个秘诀，肯定不是智商高，因为关羽的智商就不见得有多高；肯定不是武功好，因为诸葛亮就并不会武功；也肯定不是口才妙，因为邓艾是个结巴。尤其是司马懿遇到很多事情，碰到很多对手，他都能一一化险为夷，克敌制胜。这固然与他先天的智慧和性格有莫大的关系，但是我认为，这与他少年时期的学习生活关系更大。那就是读经典！阅读经典，势必事倍功半。所有的问题前人都遭遇过了，解决之道都总结出来了，关键看你自己怎么吸收，怎么演绎。

在三国时期，孙权手不释卷，还有鼓励吕蒙读书而成一代名将的美谈；曹操老而好学，亲注《孙子兵法》；刘备给阿斗开了份书目，也显示出了他自己的阅读修为；诸葛亮读书观其大略；关羽能活学活用《左传》。用孙权的话讲，读这些书并不是非得做博士搞学问，而是学习人之为人的基本素养和速成捷径。司马懿兄弟在汉末天下大乱时，仍然能够粗衣蔬食，坚持读书，这想必就是他们成功的秘诀。

少年司马懿读什么书？一个人的阅读范围和兴趣，可以深深决定或者反映这个人的内在性格和精神。想了解一个人，就看他读什么书。司马懿所喜欢读的，就是《易经》和《春秋》。《易经》中包含了天地的大智慧，可以使人掌握宇宙的平衡之道。《春秋》近乎一本政治、军事案例教程。这两本书是汉朝人的高阶读物。司马懿劝谏曹操“圣人不能违时，亦不可失时”，乃是活用《易经》的原理。《易经》里“乘时顺变”的思维方式影响了司马懿整整一生，使他总能抓住机遇占据上风。司马懿读《春秋》，也有证据可循。他在后来对曹爽的定罪书上，引用了“君亲无将，将而诛焉”的《春秋》大义，可见对《春秋》很熟悉。儒家著作而外，司马懿对道家也颇有心得。他在晚年曾经告诫子弟：“盛满者道家之所忌。”纵观司马懿一生，很有一点道家的权谋与风骨。司马懿熟读兵法，几能成诵。他后来有一次与曹爽论战，说：“兵书曰：成败，形也；安危，势也。”这里引用的话，正是活用了《孙子兵法》的论断。另一次则是应对东吴侵略军的御前会议上，司马懿能熟练运用兵书战策分析形势。一个人的早年阅读足以在一定程度上决定此人的一生。阅读兵法、《春秋》和《易经》长大的司马懿能成就大业。经典诵读的意义就在于此。

一书一世界

郭凌可　北电胜利公司

闲暇时候，泡一壶茶，焚一炉香，捧一本书，在烟波香气中，游走于文字之间，醉在纸中世界里，丰富自己、放松自己、愉悦自己。

读书的时候，我的世界是无限的。当我们畅游在浩瀚的书海里，我们的思想穿越一个又一个世界，时而在硝烟四起的战场，时而在无垠的外太空，时而在中世纪的古堡，时而又在紫禁城的大殿。读书让我们拥有穿越时空的能力，让我们身处奇幻的世界。

读书的时候，我的世界是安静的。当我沉浸在一个又一个的故事里，体会着书中人物的喜悦和愤怒，悲伤与激动，时而变身安娜·卡列尼娜，在爱恨中纠缠，时而变身哈利·波特，在魔法学校里打魁地奇，时而变成美国英雄拯救世界。读书让我们拥有了百变的身份，让我们感受着不同的人生。

爱读书的女性，那种气质是与众不同的。看《红楼梦》，女孩儿们个个饱读诗书，出口成章，印象很深的就是诗会，大观园中的女孩儿们结社吟诗，锦心绣口，文采风流，结社、赏花、品酒、吟诗，作者精妙的文本给我们一次次美妙的享受，也将女孩儿们的个性和命运表现得淋漓尽致。若是换上一群市井女子，那还结什么诗社，最适合的应该支上一桌麻将，噼里啪啦打上一阵子，才是过瘾。

爱读书的女性，内心是波澜不惊的，不会被世俗的大喜大悲所纷扰，不会惊讶于一点点的新奇，因为她心里装着一个广阔的世界。

爱读书的女性，就像一幅水墨山水画，初看烟雾迷蒙，深看意境幽远，谈吐间沁出淡淡墨香，回味悠长。

腹有诗书气自华，任何外表的美如果没有内在气质的修饰，都是空洞无趣的，女人可以不漂亮，但一定要有好的气质与内涵，这种美，才是宛若流水的美，愈深接触，愈觉得那种美婉转悠长，如歌如诗。

杨绛先生说过："有些人之所以不断成长，就绝对是有一种坚持下去的力量。好读书，肯下功夫，不仅读，还做笔记。人要成长，必有原因，背后的努力与积累一定数倍于普通人。所以，关键还在于自己。"只有阅读，才是积蓄智慧的捷径，不仅可以开阔眼界，丰富知识，更可以带来积极向上的心态，正确的人生观和价值观，既可以陶冶情操，又能提升人的品质。

每个人读书的权利，是平等的。记得有一则新闻：一家图书馆向流浪者开放，这引起了社会舆论争议，一方面的声音说，流浪者身上脏，有异味，会影响普通市民的阅读；另一方面对馆方支持，认为任何人都有在图书馆阅读的权利。馆方的回应是这样的："每个人都有阅读的权利，图书馆会平等对待每一位读者，在图书馆没有流浪者，只有读者。"在流浪者远离主流社会，无家可归的时候，阅读变成了他们与世界联系的渠道，在街头的嘈杂间找到片刻的宁静祥和。

读书，是每个人都拥有的、打开新世界的一扇门。

有个青年作家说过这样一句话："世上万事，不过是一懒二拖三不读书。"每天纠结，只是因为太闲，当我们的能力赶不上我们的脾气的时候，当我们的愤怒超越了我们的实力的时刻，那就是我们该学习和读书的时候。

生活不只眼前的苟且，还有诗与远方，从过去到未来，有书陪伴，是一种幸福。愿路在脚下，生活有诗，远方就在眼前。

书香为伴的日子

范婷婷　乌海能源公司

像所有古老漫长娓娓道来的童话故事惯用的“隆隆阿狗”的起始套路，与书结缘也是20世纪很久很久的事儿了吧，久到挂满蛛网，灰尘遍及……

比童年还早的时光，爸爸带回来的第一本还没有插画的故事集成了我每天念念不忘的乐趣。无论早晚，但凡爸爸在家总是缠着他先讲几个故事。那些从未听过的趣闻妙事在我混沌的头脑中渐渐立体起来，让我有了更多探知的兴趣。

后来识字略多，我自己快能把整本故事集看烂背熟之后，爸爸给我买了第二本书，厚厚的一大本作文大全。在当时并不富裕的条件下，拥有那样一本书是非常奢侈的。我特别珍爱，捧在手心里总是担心别人借走，里面的每篇文章都当作故事来读。记忆里，那本书我读了好些年。到后来写作文的时候，我都不记得哪些经历和记忆是自己的，哪些是书中的，它们都变成了我自己的记忆，于是就全部都搬来套用了。这样的好处就是得分很高，这么些年来，我竟然没有惧怕过写作。

初中时，遇到了人生中很好的启蒙老师，博学且幽默，在同学间威望很高。也是他，在那时推荐我们各类阅读。当时新概念卖得特别火，碍于囊中羞涩，我总是钻在书店的墙角下偷偷看一会儿，惊讶于当时看来比较独特另类的写作方式。那会儿大家都读韩寒和郭敬明。算是那时最新潮的青年作家。偶尔攒够零花钱买上一本书，总是不能隔夜，一定要读完才甘心。后来，在老师的推荐下，跟父母要了几十大洋买了余秋雨和王国维的书来读。那时世界真是小，一篇文章就读醉了，那么深，又那么美。再后来看了几部大部头的世界名著，随着课业负担越来越重，中学时代的阅读生涯，让路给了密密匝匝每天忙不完的作业和辅导。

时间短而有限，但是阅读收获却还是丰富的。偶尔酝酿写个矫情小文，在那段高压岁月里也缓去不少暗夜和压力。

真正的阅读始于大学。乖巧的孩子都去上自习，准备考研考证出国……我却别扭地走进了图书馆。虽然并没有废寝忘食住在其中，但还是花了大学期间很多原本宝贵的时间来做自己喜欢的事儿。偌大的图书馆，数百万以亿计的书籍惊现眼前，突然就觉得内心欢喜得不要不要的，觉得自己特别富有。同学们有很多借阅专业书，而我大部分时间都读了看似不靠谱的书籍，比如古今中外各类人物传记，比如艺术绘画，花卉服装，奇幻冒险，甚至于禅学、心理、文案企划、广告标语、时事财经……这些看似不着边际又风格大相径庭的书，让我的思维和情感也变得越来越丰富。有人说，你读过的书，走过的路，时间久了，那些细枝末节都忘了，剩下的最珍贵闪耀的东西却长成了身体的一部分，它们成了你的襟怀，你的气质，你为人处世的从容与善良。

很欣慰的是，结婚后发现我家先生也是一位阅读爱好者，家里藏书很多。他会讲很多我从来没有听过的故事，风趣而幽默。这有益于经年累月的阅读和积攒。

长长的夜幕，远远的玻璃窗透出细软柔和的灯光，暖暖的空气里流动着字字句句的音律，先生说这样的环境好啊，有书香的房子，走出去的孩子也必定是让人安心的……说这话时，他的表情安然笃定，却又目光炯炯，着实让我感受到，生活真是美好。

优秀奖

与书相伴

夏晓红　国华电力公司

如果说喧闹的电视节目像一个花枝招展叽叽喳喳吵闹不停的少女，缤纷的网络像一个浓妆艳抹风情无限的少妇，一本安静地倚放在书架上的书，就像那一位雨巷里撑着油纸伞的姑娘。封面是她青花瓷图案的优雅旗袍，内里是她小家碧玉的淡淡愁绪。

赫尔岑说，书，这是这一代对另一代精神上的遗训，这是行将就木的老人对刚刚开始生活的年轻人的忠告，这是行将去休息的站岗人对走来接替他的岗位的站岗人的命令。也因此，只有那些重视精神生活、愿意探求生命本真意义的人，那些有着一定的责任感和使命感，愿意去完善自己、更好地做好自身角色的人，才愿意沉下心来，静静地倾听前人的教诲，感受他们用心体验之后凝练的智慧吧。

创作是一件多么寂寞多么辛苦的事，所以感觉，每一本书的作者都是愿意分享之人。夜深人静之时，他们安静地守着自己的内心，指尖灵动，在一片片空白的文档页面上耕耘，对着同样没有入睡的、思考着的你，轻轻地、温暖地诉说。他们不是那激情的演讲者，从不曾张扬、不曾诱惑、不曾拉拢、不曾叫卖，只凭那清清淡淡的书墨香，只凭那素颜裸妆的款款模样，吸引那些气场和灵魂相近的人。

从小就爱书，喜欢和迷恋那淡淡墨香味，喜欢书里的奇妙世界。最喜欢的就是去大姨家玩，因为表哥表姐有很多好看的“小人书”。那时候识字还不多，不急的时候就一个字一个字地查字典，着急的时候就把生疏的字跳过去，囫囵地读个梗概。每次从大姨家回来之前，总是以最乖最乖的模样跟表哥表姐撒娇，贪婪地向他们“讨”书，最多的一次背回来整整一书包，书包的肩带把小肩膀都勒出了深深的印儿。

好像是二三年级吧，语文老师鼓励我们写个小故事。那时还不懂缩写，几乎用了一个晚上的时间去笨笨地“抄”一本最喜欢的小人书《长发妹》，把不认识的字认全，或者标上拼音，第二天，再把这个写了好几页田字格的可爱故事磕磕绊绊地讲给同学们听。我至今仍然十分感谢我的语文老师，也许是想了解我到底认得多少字，或者是不忍伤害我的热情，竟然容忍一节课就那么被我“挥霍”掉大半。

上学时智力特别好，该学的知识基本上课时候就消化掉了，余下的时间就疯狂阅读。家在农村，没有太多的儿童读物，就偷大人的书看。舅舅的《鸭绿江》、《十月》、《收获》、《当代》，舅妈的《红楼梦》、《西游记》，抓到什么看什么。书读得入神了，不免两耳不闻窗外事，被老妈半是骄傲半是嗔怪“我家姑娘看起书来油瓶子倒了都不知道扶”。

中专时迷三毛、席慕蓉、王朔，恋《诗刊》、《诗潮》，也自己写，“为赋新词强说愁”，在青春期的文字里懵懵懂懂地风花雪月。一手创办了班级的文学小报《海浪花》，加入了校园记者协会，又加盟广播站，把对书香和文字的喜爱表达到了极点。写稿子，陆续在些媒体发表，赚了稿费就美美地站在北行市场的羊肉串摊前“宠爱”自己。

工作了以后“恶习不改”，仍是喜欢“杂书”多过电业规程，后来应聘进入宣传部，从此“事业与业余爱好一致”，一步达成毕业前写在纪念册里的“做个记者”的职业愿景，读书更是读得“心安理得”。随着年龄增长，小说、诗歌、散文、杂文、随笔，书越读越随意，年少的青涩褪去、激情趋缓，脸上的笑容竟也越发清淡了。慢慢就养成了习惯，临睡前是必须要看书的，好让一天的芜杂安静下来，把自己的身心歇息在优美的文字流淌成的河里。书柜里满满的，多是以前的旧书，喜欢，舍不得丢掉。近年来买书倒是挑剔了，觉得好书越来越少，便更加珍惜旧有的收藏。

可喜的是女儿承袭了我对书的热爱，周岁抓生便选了钢笔，四五岁时候就能捧着本漫画安静地坐上个把小时，六七岁时已经能绘声绘色给同龄的小伙伴讲故事了。也喜欢文字，愿意表达，每天记日记。女儿小学四年级时我俩曾有过一次合作，精选了一些她的日记，编辑成一本集子，并配了插图，设计了封皮，命名《稚虬文集》，一本正经地用 A4 纸彩打了装订起来，现在那本“山寨”的文集还是女儿的挚爱。

因着都喜欢读书，和女儿的交流也变得“文艺”起来，看到一幅美图，我俩就饶有兴致地“诗配画”，互相点评。共读了一本书，就交流心得。闲暇时候，歪在沙发或床头，一人捧一本自己喜欢的书，互不打扰，各自尽兴，只听见时钟的嘀嗒声。

“书卷多情似故人，晨昏忧乐每相亲。”书是你永远不会背叛的朋友。与书相伴，能让人抛却纷繁芜杂，让心灵接受洗礼，使心事得以安放。与书相伴，能让人远离粗俗愚昧，使举止知性优雅，让生命更丰盈更有厚重的质地。

世界如此喧嚣，亲近书香才得心灵纯净。一书在手，犹持玫瑰；与书相伴，满身书香。

优秀奖

读书——不能失去的爱

陈金凤　神宁集团

曾读过这样一句话：一个人内心的宽度，是他读过的书一本一本摊开来的；一个人内心的高度，是他读过的书一本一本码起来的。当时读起来不以为然，现在回过头来细细品味，这段话在当下这样一个日益浮躁的时代，是对我们一种最深刻的觉醒。

曾经，我自认为是一名文艺女青年，一本好书可以让我阅读到天明，一篇优秀的文章能让我陶醉其中，尽情感受文化的价值与魅力。我在阅读中记录每个精彩片段，在书中放飞梦想和激情，时不时翻看日渐增厚的摘抄剪辑本，会有一种满满的收藏和幸福感。闲暇时，我还喜欢爬格子，每年都有几篇豆腐块文章见诸报纸杂志，偶有新闻中心编辑约稿，欣然应允，晚上挑灯苦战，自有写作的愉悦与享受。女儿升入初中后，为了让女儿的作文功底更扎实些，我订了《读者》，常常把里面经典励志的佳作、优美的散文读给女儿听，与她共享，慢慢地，我发现女儿的作文大有长进，我也把所思所想所看写成随笔，这种浓墨书香的静谧氛围常常会让我获得一种满足和一种情感的释放。

可时间是把无情剑，不知从什么时候起，也许是女儿升入高中住宿以后吧，相对清闲下来的我却没能摆脱世俗的惊扰，八小时以外的美好时光不知不觉被日益流行的微信、朋友圈、游戏、聚会所占据，渐渐地疏远了那淡淡的墨香，书架上很久没再添置一本新书，曾经爱不释手的摘抄剪辑本安静地躺在床头柜上，上面已有了些许灰尘。

当有一日，上四年级的外甥让我帮他修改演讲稿，我顿觉大脑生锈、腹中空空、词句匮乏，心中不免有些惶恐。和朋友同事聊天时，有人会问说好久没看到我写的文章了，心中冷不丁有些怅然若失。更有甚者，去到外面、回到家里、聚会中、餐桌上，家人面对面交流的机会越来越少了，竟然到了共处一室无话可谈，有事用手机传递，傻傻地游走在这个群那个朋友圈之间，让无边的网络悄悄地侵占着我们的时间，虚度光阴，自己却浑然不知。终一日，内心的空虚落寞无处安放。走出去，站在冬日飘零的雪花中，才发现很久没有留意身边的风景，感受都市的别样情致；很久没有回到村庄温暖的怀抱，感受老家那充满烟火味的鸡鸣、狗吠、羊咩、牛哞；很久没有到郊外饱览名山秀川，感受大自然的心旷神怡。蓦然回首，才发现喜欢读书的人，当我们远离阅读的时候，我们已渐渐远离了自己的精神栖息地，在无边的网络中慢慢地迷失自己。一种深刻的觉醒冲撞着我，忽然好想打开一本书，静静地阅读，写点什么，让日渐潦草、异常浮躁的心灵回归平静。

人一旦有了阅读的欲望，有了读书的渴求，有了写作的动力，就有了对美好事物的兴趣和追求。调整好心情，我静下心来徜徉在书海，陶醉在路遥的《平凡的世界》、莫言的《蛙》、贾平凹的《浮躁》中，那些令人欣慰和激动的作品令人难以放下，少平、少安、小霞、润叶，一个个鲜活的人物形象让人流连忘返，百读不厌，写作的梦想和激情被重新点燃。同时，我惊喜地看到，女儿、老公也都慢慢放下了上厕所都不离手的手机，能完整地读一本各自喜欢的书。慢慢地，读书让我们家有了生气，读书让我们有了共同话题，读书拉近了我们彼此的距离，读书让我们周末有了共同的去处，到书店淘书，读书让我们找回了快乐。最让我释怀的是 80 多岁的婆婆终于不再孤单落寞、形单影只地坐在沙发上打瞌睡，会惦着小脚到书房一遍遍翻看整理着承载我们家岁月记忆的影集，时不时拿着某张老照片和我们一起打开尘封的记忆，昏花的眼睛霎时有了光彩，一串一串的话像纳鞋底的长线，抽也抽不完，开心得像个孩子，是啊，多久没有耐心倾听老人的唠叨了，认真仔细聆听，婆婆的许多做人处事思想让我们受益匪浅，老人的张家长李家短的琐碎新闻给我增添了许多写作的素材。阅读间隙，女儿会打开电子琴，弹几首曲子，我们和着熟悉的旋律放声高歌，读书带来的无边乐趣重又回到了我们家中。

法学家孟德斯鸠说，喜爱读书，就等于把生活中寂寞无聊的时光换成巨大享受的时刻。朋友们，读书吧，读书能够荡涤浮躁的尘埃污秽，读书能让我们发现身边更多美好的事物，读书是一种最美丽的享受。

优秀奖

书香家庭·智慧女性

陈　静　铁路货车公司

清朝张岱《公祭祁夫人文》中“眉公曰：‘丈夫有德便是才，女子无才便是德’，此语殊为未确。”封建时期，女性地位低微，“大门不出，二门不迈”，须严谨恪守礼数教条，学好“三从四德”。旧时道德规范也认为，妇女无须有才学，只需顺从丈夫即可。直至近代社会，中国国门大开，各种思潮蓬勃发展，女性的地位也日益提高。

到了民国时期，那些才女无疑是备受瞩目的。如中国第一个女部长史良，实业家盛爱颐，素有“东方居里夫人”之称的核物理学家吴健雄，史学家、中国第一位女教授陈衡哲，翻译家、文学家、画家陆小曼，文学家、画家凌叔华，儿童文学作家、诗人、翻译家谢婉莹，中国第一个女建筑家林徽因，作家张爱玲等等。这些人为何时至今日仍在我们的记忆中鲜活亮丽，未曾褪色，大抵是因为她们都是女性，都出自书香门第，都有过人的才智，且都有不俗的成就。如此看来，女性读书、品书从来不是无稽之谈。

1978 年，我国开始实行改革开放，朝着现代化不断迈进。至 21 世纪，我国现代化建设取得了显著成就。各行各业欣欣向荣，女性的身影出现在各行各业中，与男性平分秋色。这样的变化，与教育有着直接、紧密的联系。现代社会，教育面向全人类，无关乎男女，无关乎身份与地位。如此，便有了更为平等的机会使得女性可以立足。

而作为当代女性，读书的重要性不言而喻。

读书，使女性更有内涵，从而提升自信，改变外貌。“腹有诗书气自华”，说的就是这个道理。女性相对于男性，或多或少是感性的。因此女性读书更能体会其中的情感，更能深入其中，揣摩作者的所思所想，感受世界的无穷变化。女性因读书而变得深刻，因深刻而变得富有内涵。

读书，提高了女性的品位，使女性更有追求，追求更高的幸福。如何才能拥有满满的幸福感？这是所有人一直探究的谜题。除了日常生活中我们所必须要做的事，还有大把的空余时间，如果将这些闲暇时光用来读书或学习而不是发呆无聊，是不是更能充实自己，使自己拥有满满的幸福感呢？

读书，使女性更有思想，从而改变家庭，改变社会。“书是人类进步的阶梯”，而女性因肩负着培养下一代的重任，所以女性的素质决定家庭的胜败乃至国家的兴衰。这就要求女性广泛阅读，丰富思想，提高自身，从而可以处理好家庭关系，使之美满和谐；教育好下一代，使之才德兼备。如此良性循环，社会定会朝着更好的方向发展。

我自知自己是一个平凡而普通的人，却因读书而使生活变得富有光彩。谈不上涉猎广泛，更谈不上贯古通今，仅仅只是一个“读书”人。每当闲暇之时，慵懒的或坐或躺，手捧一册书籍，嗅着手中之物发出的淡淡墨香，体味着纸张的柔软触感，总能很快平静下来，无悲无喜。书页中的字符就像跳动的精灵，活灵活现，将古今中外、天堂人间、城市乡野的面貌一一呈现，给予人无限的遐想，以及去脚踏实地地观瞻的渴望。

梦回《红楼》，几多伤感几多愁，“好了”、“好了”，“好”便是“了”，“了”便是“好”；回望《平凡的世界》，无尽的黄土地，上演着平凡又不平凡的故事，彼此牵连，彼此交错；感受《百年孤独》，孤独百年，繁华过后，一切皆成空，只留回忆陪伴左右；《走遍千山万水》，怀着对荷西的无尽思念，独自漫步人间，锦上繁花，不及你的一声温柔呼唤；误入《穆斯林的葬礼》，聆听真主“安拉”的教诲，静看人间事几多变迁，空留遗憾……

在书的海洋中遨游，我是自由的鱼，拥有好奇心，对一切充满新鲜感。有时我想透出水面，接受太阳的馈赠；有时我想找到一处栖身的珊瑚礁，安静地思考；有时我又想潜到海底，看看我所不熟悉的世界……

生活是多姿的，而读书是多彩的。我想，或短暂，或漫长的时光中，有书的陪伴，总归是好的。书中的世界妙不可言，读与不读皆在一念之间。撇开一切不谈，书却是这个浮躁的时代中能让人安静下来的最好慰藉。

作为现代女性，书是必不可少的。既能增进知识、提高修养，又能使家庭和睦、邻里和谐，乃至影响国家、改变社会，我们，又何乐而不为呢？

手捧一册书卷，宁静安详，我有白首方悔读书迟的情怀，你，跟不跟我来……

优秀奖

书香，生命永恒的味道

王文彬　四川能源公司

书香，是书籍淡淡的油墨味，是作者内心灵魂的光芒，更是书籍内在的味道。

书香中，有“青海长云暗雪山”的壮美，有“云深不知处”的悠然，有“作别西天云彩”的惆怅，有“白云无尽时”的旷达。单单一个“云”字，在不同的书香里竟然大不相同，这无不令人感叹：书中的世界是多么的绚丽多姿！

书香，从遥远的历史飘来。自古以来，书是人们生活中不可或缺的部分，古人爱书，也敬重书。古人常介绍文人为“饱览群书”，可见书在古人心中有着至高无上的地位。古人当然也爱读书，正因为如此，才有了陶潜“奇文共欣赏，疑义相与析”的愉悦，杜甫“文章千古事，得失寸心知”的感慨，苏轼“发奋识遍天下字，立志读尽人间书”的壮志情怀。伴随着他们的诗句，淡淡的书香飘过悠悠岁月；伴随着他们的感慨，缕缕书香流过华夏大地；伴随着他们的情操，春风般的书香落入我的心田。渐渐地，我的书房也萦绕着淡淡的书香。渐渐地，我也爱上了书。高尔基曾说过“书是人类进步的阶梯”，确实，书教会了我很多。我从书中懂得了爱，从书中懂得了美。无论是书香里的波涛风雨，还是书香里的酸甜苦辣；无论是书香里的悲欢离合，还是书香里的云卷云舒，一切都是那么的令人陶醉，就这样沉醉，就这样任其心潮起伏。

还记得看得次数最多的就是《红楼梦》。小时候看的是连环画版，里面形形色色的人物吸引了我的眼球，甚至有时照着它自己临摹，对于其中的内容，只知道主人公很可怜。稍微长大了些，看少年版的，渐渐了解到林黛玉和贾宝玉凄惨的爱情故事，也认识了一群多才多艺的女子。小学毕业后，第一次看了原版的《红楼梦》，才发现了一点点红楼的气息：表面“花柳繁华地，温柔富贵乡”的大观园，背后暗藏着多少是鲜为人知的钩心斗角……今年暑假，我又一次翻开这本装帧精致的《红楼梦》，依旧是繁华的荣国府，依旧是熟悉的那些人，依旧是黛玉含泪悲吟的葬花，依旧是宝玉如痴如醉的幻境，依旧是宝钗香汗淋漓的扑蝶……但一切，读起来都与以前不同。岁月悄悄流逝，书香未变，可看书的人却悄然变化。一本红楼，伴我走过童年，也会伴我走向另一个阶段。不经意间，发现书柜里头的已“改头换面”，不再是以前的通话，也不再是以前的作文，飘过的是一丝平实而饱含哲理的书香，它带领着我跟随余秋雨踏上《文化苦旅》，去见证历史的悄然变迁；它伴随着我与冰心一同凝望《繁星·春水》，去感受天真无邪的童心；它引领着我同徐志摩回首《再别康桥》，去聆听他内心的万千离愁……

一杯清茶道汉唐，一卷经书写春秋，书香带领我目睹沧海桑田，书香伴随我感悟事态变迁，书香教会我感受生活，书香引导我倾听心声，书香也让我发现：

读书，是一种快乐。从春花读到秋月，从夜雪初霁读到朝暾甫上，在春秋默然交替里，在岁月寂然运行中，心灵因书感动，时而喜，时而忧，时而感叹，时而领悟，一波三折，起起伏伏，都不失为人间快事。

读书，是一种改变。常言道：书中自有黄金屋，书中自有颜如玉。确实，读书可以引领人走向更智慧的彼岸。不读书的人，一生迷茫，莽莽撞撞，永远在云里雾里徘徊，只能在晚年为自己的碌碌无为而后悔；读书的人，书是心中永恒的明灯，引领自己时时清醒，步步睿智，最终走出完美人生！

读书，更是一种需要。人可以一天不睡觉，一天不吃饭，但绝不能一天不读书！欧阳修晚年自号“六一居士”，其中的一个“一”就是拥有“一卷经书”，可见大文豪对书的需求。就像苏轼说的“腹有诗书气自华”一样，书不但可以让人消遣时光，也可以将知识的雨露撒向读者心田，更可以陶冶人的情操。

其实，每一本书都有自己独特的书香。书香不是花色，一眼灼人，却如梅花，暗香浮动；书香不是风雨，油然而来，沛然而去，却是高天，底色长青。让我们捧起手中书，抿一口清茶，感受悠悠岁月，品味淡淡书香！

优秀奖

读书、品书

苏　宇　财务公司

读书给予我们一双慧眼，品书净化我们的心灵。

读　书

感谢读书，感谢它让我身临其境那些已经逝去的岁月，让我的血管里每天都流动着新鲜的血液，让我的生活像沐浴在阳光中一样温暖。恬静的午后，常常独自静坐窗前，手执书卷，沏一壶清茶，看浮华万千，品世态炎凉。

读书是一种享受。随着阅读的深入，有时辛酸，有时激愤，有时痛苦，有时快乐，有时我们就那么不知不觉地爱上了书中的人物，觉得她或他就是自己一个遥远的亲人，情不自禁地牵挂起这个现实生活中并不存在的人物。一本情节曲折动人、语言优美生动、层次清晰分明的书使我们置身于作者的情感之中。好书，像长者，谆谆教导；似导师，循循善诱；如朋友，心心相印。好书，能积累语言，丰富知识，能陶冶情操，受益终生。

池莉曾经说过：如果把生活比喻为创作的意境，那么阅读就像阳光。如此说来，书籍就是我们的阳光地带。读一本好书使我们可以从圣贤和智者的叮咛中顿悟人生的真谛，从伟人的人生记录中感悟崇高的境界和高尚的情怀，从科学家奋斗的文字里体会攀登的艰辛和执著，从英雄可歌可泣的故事中找到与命运抗争和搏击的无穷力量和坚强意志。岁月如涧水般匆匆流逝，面对这斑驳的人生，却依然能够从那泛黄的书卷中觅到昔日青春的容颜。即使岁月无情，但亘古不变的却是你对书本的执著。即使尘埃落定，书卷依然是在我灵魂深处最有力的羁绊。人生似浮萍一般缥缈，唯有读书可以使我们得到一种心灵的升华，生命的升华。

品 书

读书恰似品茗，乐在意境。有人说：喝茶是解渴，品茗是文化。读书也是如此，只有深阅读才能品味其中真谛，达到求知求识的目的，从中得到启迪。读一部好的书犹如品好茶一样，借助书中的意境，点拨对人生的思考与灵魂的探索，感悟人生的真谛。

我们在读书、品书的过程里，积淀人生，分享美好。当岁月悠悠，悄然而逝，唯有书香，浸透心灵，潜滋暗长。伴着书香，心静如水，你我共赏，花开花落。我们在先行者的智慧里，参悟自己的生命，在文字的长河里，净化自己的心灵。失意时，书给我以慰藉；痛苦时，书给我以解脱；无助时，书给我以智慧；欣喜时，书给我以感悟。

就这样，爱上书香，让我们把灵魂浸入在书中，一起品味“大江东去”的开阔，“海棠依旧”的含蓄，“山抹微云”的感伤，“关河冷落”的凄凉。让我们在文字中游走，相遇，一路同行，不离不弃。

悄然回首，看那些漫着书香的午后，韵味深长。我们在其中领略到了秋天的成熟，也感受到了春天的美好，感悟到了世态的韵味，也领会到了离别的伤感，我们在其中找到了真实的自己，理想的世界，温暖的友谊，也知道了要感恩生活，感恩它能让我们细细品味千姿百态的书的韵味。

优秀奖

拥抱生命　荡涤灵魂

——读《林清玄散文精选》有感

姜　丽　神延公司

题记：因为有愿望，生命的进程既不是偶然，也非必然。每一步都牵引着下一步，每一个转弯都面向了不同的方向。人生的许多事都是可以预期，却也是不可思议的。

一

本来就喜欢读书，也喜欢读散文的。

初到神延煤炭公司便知道“每月精读一本书”，而且公司发放一些好书。而我读到的第一本就是《林清玄散文精选》。

二

读林清玄的作品，让我惊喜。

他的散文让人更领略到“形散而神不散”的魅力，清新但有深度，深奥但可读性强。这本书给我最直接最鲜明的感受是：时时刻刻都充满了浓浓的情感和感悟，对亲情的珍惜与怀念道出了人之常情，对生命和死亡的思考发人深省，对佛学和轮回的阐述深入浅出、通俗易懂，对社会、人文的观察和思考细致而宏大。

三

“这一世我觉得没有白来，因为会见了母亲。”在对亲情的描写表达上，最让我有所感触。我们每个人来到这个世界上，首先有了父母，然后延伸到其他近亲属，也有同胞的兄弟姐妹。

林先生从生活的细节中，从一些事物下手，表面描写这些东西，最终却将情感在此寄托，让人体会这浓浓的亲情。

他写香椿，写了如何吃香椿，香椿的品质，最终却吃出悲情来，吃出了父亲的味道。他写了红心番薯的种种，它如何强的生命力，怎样的广泛种植，拯救了多少人的生命，却也透出了父亲对番薯的钟爱，也写了父亲多么热爱土地，也写出了作者对父亲无比的怀念。

他写跳火，描绘出一个鲜活的弟弟的形象——强大、坚强、不屈服，但是这个弟弟却在七岁的时候就死了。作者深深地怀念着胞弟，怀念着与胞弟在一起的所有。

“世上只有妈妈好”。林先生笔下的母爱格外伟大、格外浓烈，那些小的琐事勾勒出一个身材瘦小但形象高大的母亲，让我不忍拿出任何一件做例子。

我们，也许很幸运地身体健康、父母双全、兄弟姐妹齐全，但对情感的感受似乎没有那样深、浓。也许只有失去之后才懂得珍惜。林先生对故去的父亲、弟弟的怀念，正是因为他永远都不再可以触摸到他们。他用自己的心写出了那些真情实感，也算是对故去的人的礼物。

四

“但是想念他们的时候，我更觉得岁月的白云正在急速的变换，正在随风飘过。”对生命和死亡的思考，作者有自己的感悟。

他的《两只松鼠》、《我唯一的松鼠》都给松鼠赋予了灵气和灵性，但松鼠的最终惨死又让人无比痛心和揪心。

“我深深知道，我再也看不到那一双可爱的松鼠了，因为生命的步伐已走过，冷然无情地走过，就像远天的云，它每一刻都在改变，可是永远没有一刻相同，没有一刻是永恒的，有时候我觉得很高兴能和松鼠在一起，但是想念他们的时候，我更觉得岁月的白云正在急速的变换，正在随风飘过。”

他对榕树和布袋莲的描写与感悟，对果园中果树修剪与部分果树无故死去的思考，也自然而然地想到了生命顽强，也思考了生命的无常。

人又何尝不是这样呢？

生命的白云终将飘过，但这也是大自然中最为寻常的一个环节，我们都来自这个大自然，最终回归也是注定的宿命。我们看到死亡只是早一点的回归罢了。

五

“每个人都站在自己的‘三生石’上，只是忘记自己的旧精魂罢了。”

林先生对佛学和生死轮回的思考，发人深省。以前也看过一些佛学的书，最终都因看不懂而放弃。但是林先生的文章，却让我饶有兴趣的全部看完。深入浅出、从故事和举例入手，从一点细小的行为下笔，阐述了一个个发人深省的道理。虽没有佛学基础，也没记住多少理论，但却在阅读中受到洗礼和震撼。

一篇《三生石上的旧精魂》，关于“三生石”来历的故事的写作，关于黄山谷嘴里的芹菜的香味引出对旧精魂的认识。

“有时候我们走在一条巷子里，突然看见一个人，特别熟悉；有时候我们遇见一个陌生人却有说不出的亲切；有时候做了一个遥远的梦，梦见清晰如见；有时候一首诗、一个古人，感觉上竟像相识很久的知己；甚至有时候偏爱一种颜色、一种花香、一种声音，却完全说不出理由……”

其实这样的感受每个人都会有，说不出缘由，但在林先生的笔下，让我更加会感觉“三生石”不是迷信，他可能就是旧精魂，只是我们都已经忘记前世罢了。

生死轮回不只是中国人的迷信，在其他国家也同样受到推崇。在《星罗尼罗河》中，作者同样写了文明古国埃及也是相信生死轮回的，所有才会有“木乃伊”的出现。

六

“在心里有一个岛，有大海、有花草、有椰影、有萤火、有蓝天，不受污染，那也就很好了。”

林清玄对社会人文的观察与思考，细致而宏大。

该书《星落尼罗河》一章中，包含了《岁月的灯火都睡了》、《芳香百里馨》、《星落尼罗河》、《卢桑夜船》、《威尼斯船夫》、《罗马在闪电中》、《敏感的花》几篇文章，分别描述了作者在香港、菲律宾百里馨、尼罗河、瑞士卢桑、威尼斯水城、罗马、荷兰的所见所闻所感。这些地方既有现代文明，也有古老的文明。

作者从中感受可谓丰富，有的恬静怡人，有的纯真淡然，而更有对古文明的怆然与落寞，对现代文明的不文明而伤悲。对于文明的思考，细至一处小景，却又宏大到整个社会。确实，我们都应该对此深思，我们究竟生活在什么样的环境中？我们应该怎么做？我们的社会将走向何方？

读林先生的散文，从直觉到内心，到心灵，到灵魂，都得到了洗礼，可谓受益匪浅。这样的好书应当多读、多思、多品。

优秀奖

书与我的成长历程

杜永先　准能集团

书，是唯一让我不能迷失方向的指南针。

书屋，是唯一圈养我灵魂的居所。

八九岁的时候，我坐在街头拐角看巴掌大的“小人书”，2 分钱看一本，给两角钱能够看完全部书摊，我从一个书摊转到另一个书摊，从晌午一直追随到后半晌。长大后，捡瓶罐卖废品，钱全拿来买书，走着看坐着看。上到初二时，我看不见黑板上的字，父亲领我第一次配眼镜，视力为 0.1，那时我的学习也不好，父亲说我不看一本正书，全是闲书看瞎的。

16 岁的时候，我的第一首雏诗发表在盟市报刊，在学校有了些许吵吵。考入内蒙古电力学校后，担任校刊编辑部主编，家里给的生活费，一半买了书，姐姐来看我，我 165 的个子，90 斤的体重。姐姐说我不看的书可以拿出去卖了，也能多吃一顿饭，可我嗜书如命，中了魔杖。远嫁他乡时，母亲给的陪嫁就是整理了我全部的书籍，两大麻袋，我背着它上了火车。

以后的日子，工作，生活，家庭，孩子等等，我每天忙得晕晕乎乎，两麻袋书在床底下一直安静地躺着，从没有打开，每逢春节前打扫家，我会翻出来，给孩子炫耀一下。1999 年，下岗分流的浪潮将我劈头盖脸地打到，我哭着给父亲打电话说：“念了十几年的书，没有一点用。”父亲说：“念书如果不当官，干什么都一样，那些年，看了那么多书，这个道理都不懂，白看了。”我走进了书店，琳琅满目的书籍却令我茫然，不是书不认识我，而是我丢失了自己。

与书的再续情缘来自于作家石康的小说《晃晃悠悠》，“当你行动时，你不知道是走过时间上的距离还是空间的距离，你没有稳定的行走。”主人公周文22岁，成天躺在宿舍里无所事事，他认为人本身是一个劳而无功的过程。他晃晃悠悠的生活着，就像干在湖底的鱼，任凭烈日暴晒，极度颓废，坐以待毙。他看不到前途，对自己也没有信心，缺乏理想信念之类父辈曾拥有过的东西，他弄不清生活的意义和价值，找不到让自己行动起来的理由，至此与女友长达八年的恋情结束，并老死不相往来。于是，从东到西，从西到东，他开始在一种回忆和新的思考状态下生活……主人公似我，与作家的共鸣一瞬间瓦解了我将近十年的迷茫。这些年没有书，埋葬书，如一片秋叶，飘零在大海上，不知归落何处？

我挽救自己，书拯救了我。两个多月我一口气读了石康《支离破碎》、《一塌糊涂》、《激情与迷茫》、《心碎你好》，《奋斗》五部书。慕容雪村的《原谅我红尘颠倒》、《中国人少了一味药》，钱钟书的《围城》等等。说是读书，实则找寻自己。我完全沉浸在书海里，家里到处都是书，枕头边，沙发上，被窝里，卫生间，儿子随时都能拿一本垫在屁股底下。丈夫一边收拾，一边翻看，一边数落：“没个地方，想往哪放就往哪放？”

后来家里搬了大房子，装修时丈夫说：“改造一个书房吧。”我幸福感动地使劲点头：“嗯!”他领着我参观了几家朋友的装修格局，其中一家印象颇深。这家有200多平方米大，室内装修豪华富贵，女主人见到我笑盈盈地说，你是文化人，看看书房吧。她推开了书房门，足有20平方米，深棕色的樟木书柜和墙并列，柜子里摆放着精装版的《西游记》、《红楼梦》、《三国演义》、《黄帝内经》等，有的是精致的线装版，有的书面上闪烁着金点点，她对我说这些书她丈夫花了不少钱。我站在书柜的透明玻璃前，上手打开，女主人制止说书柜暗锁着，不能动，这些书不能看，只能欣赏。回到家以后，丈夫环视着新房子说还是算了吧，咱的书房太小了。我说不小，我的书不是用来摆的，是用来看的，用的。

我的书屋不大，只有6平方米，放一支单人床，墙角镶嵌书架，床头上一盏夜读灯。我睡在床上，无论是左侧卧还是右侧卧，都能摸到我要的书，即便睡着了书掉在地上，我能闭着眼睛捡起。

每当夜深人静的时候，开一盏橘黄色的夜读灯，读《易经》、《山海经》，知人来之不易，性本善，要珍惜生命，热爱生活。无限地静谧，我反复地琢磨着国学的儒释道文化理念。释迦的空即是满，儒家的修身齐家治国平天下，道家的大道无边，顺其自然，“和合”的国学精髓源于《四书五经》、《道德经》、《史记》等上下五千年的历史重复。我们家四口人，丈夫睡眠不好，要住书屋。姑娘心情不好，要住书屋。儿子说累，要住书屋。我的创作灵感在这书屋。只有5平方米的书屋，却能收拢我的灵魂，聚焦我的思维。

于是，我充满了无限激情在这里徜徉。有理想，就会有疼痛。我深度感悟着《百年孤独》，在美国作家简·雅各布斯的小说《集体失忆的黑暗年代》召唤中，撰写着20世纪90年代准格尔煤田开发筹建初期坑口电厂的奠基者，开拓者——电力运行工人，就在这个书屋，我为他们哭，为他们笑，为他们凯歌，我的一部部作品在这里诞生。我可能不会成为一名优秀的作家，也可能会成为一名冒牌的作家，但是我愿意把自己的文字变成垃圾的清扫器，还原正能量的晴朗天空。

因为书，我面对书，常常忐忑不安地看着自己的作品，感到惭愧和自卑。世界上第一部书是德国作家歌德的《浮士德》，从24岁开始写到84岁临死前，整整写了60年，浮士德言：“有两个灵魂在我胸中，它们总想分道扬镳；一个怀着一种强烈的情欲，以它的卷须紧紧攀附着现实；另一个却拼命要脱离尘俗，高飞到崇高的先辈居地。”任凭魔鬼百般以恶诱恶，浮士德虽有暂时的踟蹰，但绝不栖息止。中国历史上第一部书是《易经》，“天行健，君子以自强不息!”

Part 04
生命在读书中丰腴

生命在读书中丰腴

周伟燕　杭锦能源公司

不知不觉中，生命的年轮走过了半辈子。回望这51年，除了生命中与我无法割舍的亲人和坚守了近27年的婚姻外，一直与我不离不弃的就是书了。漫漫长夜里，昏黄灯光下，简陋书桌前，我已断断续续地读了几十年的书。这些书有的读过之后就遗忘在岁月里，有的却深深地留在记忆中，成了丰腴我生命的最好营养。

能够坚持读书，不能不说这得益于我当教师的父母。当了一辈子“教书匠”的父母，别的值钱的东西没有，却积攒下了很多书。记得从小学开始，每天放学后最快乐的事就是钻到父母的书堆中挑选自己喜欢看的书，然后找个舒服的地方，便全身心地投入到书的世界里，直到父母一再提醒该写作业了，该睡觉了，要注意眼睛，明天还要早起上学……这才不情不愿地放下手中正读得津津有味的书。有时实在为书中的情节所牵挂，会等到父母睡下后，偷偷地打着手电筒在被窝里看，遇到紧张的环节时，似乎都能听到自己的心快速跳动的声音。有时读到感人的地方，就会哭得眼泪鼻涕稀里哗啦地流，于是便引来父亲或母亲的一顿训斥。那时读书没有什么明确的方向和目的性，只要翻看开头和中间，觉得情节吸引我就会拿来读，至于能否看懂那就不去想了。于是，从小学到初中，除了《水浒》、《红楼梦》、《西游记》、《西厢记》、《钢铁是怎样炼成的》、《红岩》等名著外，还读了不少父亲的外国文学史，可惜都是一知半解地读，根本没有读到心中去，只是被书中的故事例子和各种插图所吸引。但毋庸置疑的是，这种一知半解的读书，倒也为我学语文打下了基础，特别是作文，常常会被老师当作范文在全班念，而且特别喜欢分析课文，每当得到老师的赞许时，小小的虚荣心总会满足一把。

参加工作后，特别是走入婚姻的围城后，再没有供自己任意挥霍的大把时间了。工作的紧张，家庭琐事的牵绊，让我整天像一个被人抽打的陀螺转个不停，静下心来读书于我便成了一件奢侈的事。直到儿子上了小学后，工作相对轻松些后，我才重新又开始拿起了书，并养成了记读书笔记的习惯。许是工作性质的原因或年龄的增长，此时再读书，范围就基本圈定在文学作品上了，并就此萌发了写作的欲望。随着一篇篇豆腐块在报刊上露脸机会的增多，我已是彻底陷入其中不能自拔。生活以一种方式塑造了男人，也会以另一种方式雕琢女人，我能够在炼狱般的生活磨砺中，学会从做一根肋骨的体验中，深入品尝做女人的滋味，并始终保持乐观自信的态度，不能不说得益于读书，特别是得益于文学之书对我的滋养。因为文学之书，不仅丰富了我的知识、开阔了我的眼界、增长了我的阅历，更丰腴了我的生命，让我的文学之梦悄然绽放。

当身边的人们于万丈红尘中追逐拼争填充物欲的沟壑，我却苦苦寻求文学的甘泉。我就像一个爬山者，明知离文学的顶峰还十分遥远，明知每爬一步都须全身的付出，但我已无法停下脚步，只有努力地、不停歇地向上爬。尽管家庭琐事的牵累、命运多舛的磨难，在苦苦累累地寻找生存方式中，一次次的跌倒，让我抑制不住地伤感，让心滴泪，可对文学的痴迷让我把一切都埋在心底，倔强的信念促使我执著地不停地写，凭着朴素的直觉，在每个空虚而寂寞的日子里，把鲜活生动的事情，熟悉的面容和语言尽收笔底，尽情地向灵魂倾吐淤塞许久的心痛与无奈，把所有痛苦的存在忘却，将爱与思考汇成一篇篇富有弹性的文稿，使我的拙文最终能够在人生中留下一束情感、一片艳红、几缕馨香，这难道不是一种最好的成长吗？

莎士比亚曾说:“书籍是全世界的营养品。”作为女人，随着所读之书的积累，生命之门便会开窗入海走进辽阔，让无知逃遁远离，让生命时空渐大渐宽，即使素面临于芸芸众生，也会拥有一份底蕴，自信扬面而笑靥随行，因为知识文化的内涵足以覆盖掉任何的粉饰与造作。好好读书吧，我们的岁月就鲜活在书里。在充溢着诱惑和梦想的纸页上，那些会说话的铅字能让我们欣赏到人生的悲喜剧;在缕缕油墨的芬芳中，能让我们痴痴寻觅生命的美丽与神奇。当你潜入书海时，浮躁的心会慢慢平静下来，如一泓秋水，波澜不兴。特别是夜深人静坐在灯下，就着一杯清茶，抛开物欲，忘记荣辱，远离世俗与纷争，在宁静中与书中高尚的智者娓娓谈心，沉浸在书中那峰回路转的故事情节、典雅清新的场景描绘、千秋各异的人物形态、机警敏慧的睿智思想……此时，你会发现，这浸润着书香的夜，连梦都是飞翔的。

我的红楼梦

——随感

涂　东　煤制油化工公司

且说黛玉在葬花的去处呜呜咽咽，边哭边数落“未若锦囊收艳骨，一抔净土掩风流，一朝春尽红颜老，花落人亡两不知”，宝玉在一旁听见，不觉悲从中来，恸倒在山坡上。殊不知哭的不止他两人——这凄艳悲凉的场面也惹哭了一个在外婆家院子里看此书的小姑娘。

从那时起我知道了古文古诗的美，而且喜欢上了古典美人，轻绾如云发髻，“微幽兰之芳蔼兮，曳雾绡之轻裾”。当年十几岁的我当时很艳羡黛玉之流，她们既是美人又会写诗，真是一件很了不起的事情。于是同时期我的小学作文本上，也多了些不知道怎么就冒出来的美丽辞藻，语文老师喜欢得不得了。

我之所以对诗词偏好，追溯根源，就得寻到小时候每一页都有插画的《红楼梦》小人书那里去。

现在我还能记起来那本书上画着的“黛玉葬花”：细眉杏眼，樱桃小嘴，削肩薄身，纤手拎一只花篮，从书里幽怨地看着我。有好一阵子我认为她袅娜飘逸、弱不禁风的样子是最美的，以至跟妹妹玩游戏时，会找两条长毛巾绑在胳膊上，左一下右一下地当水袖甩着，想象自己就是那个会写诗又长得美的林黛玉。

我后来再读“红楼”，才知道除了黛玉，金陵十二钗名册包括副册在内，林林总总约有108位女子，从荣国府贵小姐到烧火的丫头，女人之才情、之娇艳、之风流聪慧、之刚柔并济，作为主要人物出现在《红楼梦》这部著作中，被曹公描摹尽了，恐怕自他以后再无人可比。

我赞同鲁迅先生的一句话，他说起看《红楼梦》，说读者的眼光有种种：经学家看见《易经》，道学家看见淫，才子看见缠绵，革命家看见排满，流言家看见宫闱秘事……而不小心出生在几百年后的我，却透过散发着檀木香的雕梁画栋和游廊厢房，雨榭花轩，窥得那时的女性面貌之“一斑”，她们的生而有欲，因欲或乐或苦，嬉笑怒骂爱恨情愁，和当代的女人们并无二致。

比如黛玉与宝钗们也用玫瑰露，湘云在第五十九回中两腮作痒，恐又犯了杏花癣，因问宝钗要些蔷薇硝来。第六十回中还详细介绍了茯苓霜的用法，古时美人们用的医药方子现在还在沿用，让我一看到此处就会心一笑。

女人们还结社作诗，并各自在诗社里另有名号，黛玉号为“潇湘妃子”，宝钗为“蘅芜君”，李纨叫“稻香老农”。当真像我们现在的文学圈、艺术圈，比起我身边写字儿、画画儿的女朋友们，她们的浪漫和才华被限制在了重重高墙深院里，真真的令人扼腕。

但我还是能想象得出她们当日“於风庭月榭，醉吟於帘杏溪桃，文采不让须眉”的绰约风姿，由此而感觉她们离我的时代很近，这也符合曹公在此书第一回中所表达的意愿，要“使闺阁昭传”，“万不可使其泯灭也”。

想要“不使其泯灭”，必有过人之处，感谢曹雪芹呕心沥血将这些水做的女人变得独立优秀，行止见识不输于男性，往往使我读着读着，就忘记了她们身处哪一个朝代，最像现代女性的首推黛玉，她才情出众超乎宝钗，又会使小性子，但又绝非小心眼，许多利害得失她都不放在心上。为人爽直常常出口伤人，又不刻意地笼络人心，是真正的坦荡，品质纯真。她像极了我身边的一些优秀女人。

看到凤姐处理宁国府的事务，足可视为现代民企自己的“企业管理思想”的雏形，她对宁国府中五大弊端的思考和整治措施，以及她逼死尤二姐的心机之毒，又让我视她为“奸雄”，她最后的结局是个警钟，就像贾母曾告诫她：“我的儿，你是太聪明了，将来修修福罢。”我因此而想为天下“心实吃亏”者贺！

但无论是凤姐的死还是黛玉的亡，曹公这红楼一梦终是要道破“玄机”：浮生若梦苦奔忙，盛世华筵终散场，人生悲喜空幻了，古今一梦尽荒唐。第百十七回中，述宝玉与和尚之谈论曰：“弟子请问师父：可是从太虚幻境而来？”那和尚道：“什么幻境！不过是来处来，去处去罢了。”

是啊，无论是否有女娲补天之灵石，是否有太虚幻境，我们这些生活在新时代，“不凡”且“有识”的女性，都要学会跳脱出去看世界、看自己，浮世的荣华富贵都如曹公所指，是幻梦一场，对宇宙和人生的不断探索才是人类进步的方向。

曹雪芹用他的“十年辛苦不寻常”诠释了这个道理，他刚开始创作的时候，指向并不十分明确，于是受明代小说如《金瓶梅》的影响从风月宝鉴、男女私情说起，到后来经历了种种生活的磨难，使他对人生有了新的认识，并从作品中反映出了他的人生经历，生活理念，终于使此书的品质提升，成为涵盖文、史、哲的集大成之作。如此，《红楼梦》才能成为永远的经典。

而书中的女人们更是经典中的经典，穿越中国历史的长河，我愿意相信那一个时代里，曾经有这么一些美好的女人存在过。她们的悲欢离合仿佛我也亲身体验过，我们的身上有她们的影子。

我们从曾经以男权为主的旧时代来，将要到一个更自由更美好的新世界去。将来的新世界，既没有男权主义，也没有女权主义，我想那才是《红楼梦》中的女人们最向往的地方。

三等奖

读《亲爱的安德烈》

张艳洁　福建能源公司

《亲爱的安德烈》是作家龙应台3年间与儿子安德烈互通书信的结集。秉着满心好奇，好奇一个儿子和妈妈的通信会聊些什么？怎么聊？是否会有很多内心，或者言语上的碰撞？会真的交心吗？

如果换作我和我的妈妈来通信，我们会谈些什么呢？大概我们不会聊到书中他们那样的高度和深度，不会聊到很多的中西文化差异、国族认同、国际政治，我们会更多地聊生活，生活里的事，大事，小事，工作，朋友，亲情，爱情。所以读完36封家书，给我感触最深的依旧是亲情。

18岁的男孩，好像已经长大，已经想要并觉得应该过自己独立的人生，你有自己的朋友圈，有自己的品位，开始会嫌弃父母的啰唆与思想的老旧，无论代沟还是隔阂，都越来越深，好像不可逾越。在你和朋友坐在咖啡馆，或者是酒吧，听着摇滚的时候，她也许正在看她觉得有意义而你觉得无聊的栏目，彼此好像都接受不了对方的生活，或者生活方式。作为一个母亲，大概会有就要失去自己儿子的感觉。

我看到一个母亲在孩子长大时的矛盾、心酸，甚至有一种尴尬。在她眼里你永远是个孩子，可又不得不承认你已长大，或许正在离去，她当然也明了你已长大，却仍改不了将你当作孩子去宠爱、去嘱咐的习惯，而你也许在一再逃离她这种包围式的爱。我想，所有的父母在这种时候都有些尴尬、无助，有时候，也许义正词严地告诉你要怎么做；有时候，也许也会像个小孩儿一样垂下脑袋，只有沉默。

我们都爱自己的父母，毋庸置疑，但是未必都喜欢他们，未必真的认识他们，未必愿意去和他们沟通，去接纳他们的全部，如书中所写的：“爱，其实是很多不喜欢，不认识，不沟通的借口。”我们用爱为自己担了多少借口？大概不只是亲情，友情和爱情也常常这样吧。

“父母亲，对于一个 20 岁的人而言，恐怕就像一栋旧房子：你住在它里面，它为你遮风挡雨，给你温暖和安全，但是房子就是房子，你不会和房子去说话，去沟通，去体贴它，讨好它。搬家时碰破了一个墙角，你也不会去说‘对不起’。父母啊，只是你完全视若无睹的住惯了的旧房子吧。我猜想要等足足 20 年以后，你才会回过头来，开始注视这没有声音的老屋，发现它……”看着这一段，我沉思许久，心里五味杂陈。脑海浮现过的是和父母的争执，是青春的叛逆，是那一天生气的不吃饭，是那一年以青春的名义偷的懒……但我庆幸，尽管仍会和父母有摩擦，但我想我已经开始注视到，并且愿意去和这“老屋”说话，去听听他们的声音，去更多的关心他们，去和他们交心。

除了小孩儿想快快长大，我们应该都害怕年轮的一再增圈，而我们的父母正在岁月的风霜中逐渐老去，无意间眼神里流露出来的凝滞与落寞，你是否注意到过？你上一次和他们促膝深谈又是什么时候？

记得最深的是书中那句：“所谓父母，就是那不断对着背影既欣喜又悲伤，想追回拥抱又不敢声张的人。”不知道每一次离家，望着我远去的背影，爸妈心里是怎样的欣喜与落寞？我相信有过欣喜，但是到了现在的年纪，大概更多的是落寞吧。回家一次便少一次，而爸妈已经在五一就开始问我端午回不回家，哪天能到家……

爱能战胜一切

——读《三体Ⅱ·黑暗森林》有感

岳 兵 神东集团

看完《三体Ⅱ·黑暗森林》已经有一段时间了，一直没有写这篇读后感，一是因为沉湎于故事情节，二是因为在生活中体会着故事的结局与升华。或许，有的人会困惑，科幻与爱，似乎相距甚远，可是，爱，是人类特有的语言，三体人的世界，再高级的文明，都难以战胜爱的伟大力量！人类的爱，能够战胜一切。罗辑，一个平凡普通的小人物，爱情之爱对他的唤起与觉醒，亲情之爱对他的召唤与力量，友情之爱对他的鼓舞和陪伴，使他成为一个超级英雄，罗辑的逻辑思维，宇宙生存的铁律，一举扭转了人类的命运和结局，挽救了人类文明的，是罗辑，更是他心中坚定而又执著的、人世间最美好的、能够战胜一切的——真爱！

或许，以上的认识颇为浅薄和经不起推敲，但故事的脉络和结局，却在呈现给人们惊叹之余，不得不感受到爱的平凡和伟大，爱的磅礴和力量！宇宙的真相，是黑暗森林的铁律，宇宙的内涵比它的表面冰冷和残酷，这里没有孔孟的礼让仁义与墨子的兼爱非攻，只有不变的主题——生存，或者灭亡。在一条猜疑链的两端，两个文明的善恶已不重要，因为相遇就意味着灭亡。三体文明无疑是成功的，在他们的子弹到达地球之前，先遣部队便已入侵，防止了地球文明技术爆炸的可能。为什么三体文明如此残酷？我们无法想象，对于一个在发展与毁灭中轮回了200多次的文明来说，还有什么会比生存更重要。但按照人类的思想，三体世界没有爱吗？在一个物质文明高度发达的社会，智慧生命的精神文明会是什么样子？难道三体世界除了那个小小的监听员ETO，其他的都是如此的冷酷无情？我们不得而知。就像书中所说，宇宙是一座黑暗森林，每个文明都是带枪的猎人，见到同样的猎人，只能开枪消灭之。宇宙的冰冷凝固了一切热量，甚至包括爱，阳光似乎永远不可能照进黑暗森林，因为阳光就意味着灭亡。

尽管展示了如此冰冷的现实，小说的主题还是宣扬爱与人性的。《三体Ⅱ·黑暗森林》的主人公——罗辑，糊里糊涂地被选为肩负伟大艰巨使命的面壁者，面对前所未有近乎令人绝望的未来战争，他知道自己无法承受，他想抛弃肩上的责任，去追寻自己的梦幻爱情。最终是爱情激发了他，给他勇气、力量与决心，让他走出惊人的扭转乾坤的一步。我们可以感受到，一个近乎市井浪人的小人物，在拯救全人类文明责任的重压下，是什么支撑着他走完全程。小说的最后是一副极其温馨的画面，罗辑一家三口在广阔的草地上，孩子在快乐地嬉戏玩耍。此时此刻，人类文明的延续、外星人的入侵，甚至宇宙的存亡都已不重要，重要的只是三人世界里的那份爱与幸福。跨越了两个世纪的时间与四光年的距离，只为寻找一个终极答案——宇宙中我们如何生存？爱与被爱有意义吗？我们的延续为了什么？宇宙仍在那里，这一切它漠不关心，它继续它的存在，至少，在真正的危机来临之前，我们应该享受生活，用爱去享受生活。爱，能够战胜一切，虽然爱没有直接战胜残酷的黑暗森林宇宙生存铁律，但却在爱的转角，让每一个人普通人都能够真切地感受到，爱的力量，那是生而为人的天性使然，那是人类爱的本能！

你知道什么是真爱吗？爱，是人类文明的语言！当心中的挚爱只在意识层面而没有在生活中真正出现的时候，爱是一份期盼的精神寄托，爱是幸福生活的航向，罗辑在虚幻的创作中构思着自己的爱人，与那个梦想中的爱人交谈、相处，每一个细节都真实得让人心动！当心中的挚爱因着一种近乎荒唐的理由而真实地来到自己面前的时候，爱是一种不知所措的仓皇，爱是害怕失去的珍惜，爱是为挚爱的人承受痛苦与忍耐的勇气，爱是祝福和成全，爱是美好的，以爱的名义带给对方的伤害，不是真爱，那是自私的占有欲和控制欲！爱，是你若安好，便是晴天！哪怕让我们冬眠沉睡上百年，醒来后深爱依然！爱，是你是幸福的，我就是快乐的！哪怕让我一个人去拯救全人类的生存与文明，那也是因为我要誓死守候你冬眠醒来与你团聚的那个未来！爱，是默默守望，是无论经历几世风雨的默默守望和等待，无论我们是否在一起，无论，我们是否在彼此的生活里……

这样的解读与感悟，或许过于感性，不是每个人都能够懂得如何去爱，当我们的生命中，相遇和拥有了一份真爱，她用自己全部的爱和力量、爱和包容、爱和陪伴，教会你如何去爱，一定要懂得珍惜和感恩，每一份爱，在付出的过程中都已然得到了爱的回报与陪伴，在地球上，明天的太阳依然还会升起，却千万不要以为，爱会在每一个你不懂得珍惜的清晨如约而至，要知道，爱，虽然可以战胜一切，却还是会在你不知珍惜与感恩的挥霍中渐渐消磨殆尽，珍惜和守护，是爱能够战胜一切的源泉！

晚安，My baby，在每一个学会去爱的清晨——Say I love you！

书香姑娘

胡　楠　煤制油化工公司

她不仅是一本“书”，更是一只翱翔的凤凰，我跟随她的身影，畅游在万千世界，感受着每一次轮回。那一字一句是她身上灼热的智慧之火，在我的脑海燃烧着，让我的身体得以“重生”。

她不仅是一本“书”，更是一位无畏的旅者，我跟随她的脚步，追随于千山万水，享受着每一次旅行，那一笔一墨是她留下的深深的足迹，镌刻在我灵魂深处，让我的灵魂有了“质量”。

她不仅是一本“书”，更是一位耄耋的智者，我倾听她的哲语，伏案于篱笆墙下，享受着每一个故事，那一言一语是她经历的人生百味，流淌在我的血管里，让我的血液有了“颜色”。

其实，她是我的好姐妹——书香姑娘。不言不语，却流露出高贵典雅、落落大方，让我怦然心动。只有她才能舒缓我疲惫不堪的忙碌，放下一切，让心灵放松起来……

独恋你，书香姑娘，向世人展示你无穷的魅力，让人忍不住去接近你，欣赏你。在安静的时光里，暖阳照我身，清风伴茗茶。书香姑娘，我将会与你一同携手行走在路上……每天都会和你相随，这不仅仅成为习惯，而且已成为我生命的一部分，因为你懂我，让我的世界里充满了色彩，不单单是陪伴，更是一种依托。

我对你的感觉源自内心的热爱，这份爱纯粹简单，就像向日葵总是追寻太阳，不为名利，听从的是内心的召唤、本能反应，正是这份爱让我无论何时何地、何种境遇都能嗅出书的馨香。我想对你说声谢谢，你让我在今后的生活中更坚强、乐观、积极地面对生活，是你的博爱让我成长的脚步更加稳健。你温暖的怀抱是我心灵的港湾，你伸出双手为我指引迷失的方向，我的世界开始明亮了起来。

我的天空充满了色彩，因为有你——书香姑娘，我会跟随你的步伐，现在的我每天都会腾出大部分的时间和你在一起，指尖不断触碰你，字字行行都会使我兴奋起来，像是自己已经融入你的思想里。在你的鼓励下，我也开始飞动着手中的笔写下所感所想，像是孕育了小生命。啊！我的孩子，这种感觉是不言而喻的。我变得不那么孤独、浮躁、胆怯，这一切都应该感谢你，让我积极乐观从容地去面对生活，也可以去选择自己喜欢的事情，现在的我生活更加充实，因为有你——书香姑娘。

问渠那得清如许，为有源头活水来。书香姑娘，你源源不断的清泉洗涤我的心灵，让我的灵魂融入你的海洋，让你的精华融入我的生命，才能有一个比海洋更为广阔、更纯洁的心灵。

读书之乐乐何如？绿满窗前草不除；读书之乐乐无穷，瑶琴一曲来熏风；读书之乐乐陶陶，起弄明月霜天高；读书之乐何处寻？数点梅花天地心。

书香姑娘，愿与长存。

优秀奖

感谢作者

杨巧娣 神华福建能源有限责任公司

前些日，读了几本书，学习收获之余，十分感慨。吃水不忘挖井人。现在，我们有书可读，首先要感谢那些作者，感谢那些为人类文明做出过巨大贡献的文学、文化、科学、思想等诸多方面大师们，感谢创出这些伟大作品的作者们。

作者或博览群书、寒窗苦读，或游历山河、铁鞋磨穿，或访贤问道、博采众长，或究根探源、追昔抚今，如花中采蜜，如沙里淘金，如累丝成匹，把这精华留给了世人。一本书不仅耗费了作者五年、十年乃至穷其毕生、历经几代的时间，而且还必倾注了作者的精力、阅历、文思、心血乃至感情。万寿山五庄观里的人参果虽然“似这万年，只结得三十个果子”，毕竟仍属自然造化之功。一部书成，必得其人、得其时、得其事，确远非仅仅自然造化之功。能吃上一个“人参果”是极大的缘分，而读一部好书，又岂不是“天大的造化”。

一部《道德经》，不仅要看到这文义深奥，包涵广博的五千文，更要了解老子的静思好学、探幽寻源、参详宇宙。一部《孙子兵法》，不仅要看到这内容博大精深、思想深邃悠远的六千字，更要看到作者孙武在千万将士牺牲的基础上所进行的系统思考、战术总结。一部《资治通鉴》，我们不仅要知道一个写作班子的19年光阴，也要知道主编司马光的殚精竭虑和书成之后的头童齿豁、老态龙钟、两年后的溘然作古。一部《红楼梦》，不仅要看到曹雪芹“十年辛苦不寻常”，我们更要看到“字字看来皆是血”。一部作品成之不易，传世更难。我们读书时，必念成书之难，必怀感恩之心，必惜作者之功。只有心存感激、心存敬畏，这书才能读进去、品出味，才不至于辜负了作者的一番心血，不至于是煮鹤焚琴、暴殄天物。读书之前，我们不妨先了解这部书的写作背景、写作历程，了解一下作者的相关信息，增强我们对这部书的宝贵之感、珍惜之意和对作者的感恩之心、崇敬之情。

在前人所创造的文明面前，我们是那么的渺小；能够站在前人的肩膀上，又该是多么的自豪；能够博览众多作者的伟大传世作品，我们又是多么的幸运！感谢作者，就是要感激他们为我们留下了丰富的作品和作品所承载的灿烂的文明，而这些文明恰恰很容易散失在历史的长河中，作者为我们把这些文明定了格、留了根。感谢作者，就是要感激他们让我们看到了烟波浩渺的历史、丰富多彩的世界，让我们能够跨越时间的阻隔、空间的距离，在窗前游历世界、在当下接触历史、在字里行间与古圣今贤对话。感谢作者，就是要感激他们让我们在短时间学到这诸多的智慧、阅历，而这些智慧、阅历是我们不可能在短短一生的时间中通过切身实践获得的。感谢作者，就是要感激作者让我们看到了一条条美丽的珠链、一袭袭华美的袍服，而不仅仅是散落的珍珠、分崩的片段……

总之，我们需要感谢作者，就像感谢传道授业解惑的良师，就像感谢不离不弃、砥砺前行的益友，就像感谢俯首躬耕、给予食粮的农民。我一直觉得，读书之道，首在感恩，感谢作者。

追梦的时光

董丹丹　乌海能源公司

这一季，踏着轻盈的脚步款款而来，于静好的岁月里流转着季节的韵致。我欣喜于这个颇富迷离气息的雨季，竟毫不做作地淋湿了那且近且远，且轻且淡的思绪。信步拈来于润泽气息中散发着清澈的香的不知名的小花，抑或柔柔的轻抚雨水洗礼过的丛草，心底竟莫名地升腾起一缕关于梦的遐思。

那一年，初读白落梅笔下的林徽因，终被她的冰洁、她的理智和她如白莲一般优雅的品性所拜服。我惊叹于环境塑人的力量，更痴迷于江南那梅雨、荷风、杨柳依依真切而自然的美。几度遐思，几度畅想，多想让那个长居江南，深感微风细雨，轻踏青石小巷的梦及早地实现。那梦里，我可以于江南的雨巷里撑一把油伞，聆听走在石板路上清脆的回响声，就那样做一个素净的女子，悠然地走过一生；那梦里，我可以倚着江南的黛瓦白墙，品茗书卷里的书香故事，任被那诗酒年华的故事一一填满；那梦里，我可以邂逅一段美丽的爱情，时时聆听彼此绵绵的心语，将最暖的柔情蜜意荡漾在江南迷离的气韵里。

猛然间，像是什么东西点醒了我，把那个走在青石板上撑纸油伞，品读书香故事，享受浪漫情怀的我抽离了回来。我试图寻找着那个拉回现实的一物一事，却突然醒悟过来：梦里那个素净的女子，不就是现在正享受着一树一花的我吗?

时光静静地流转着，不慌不忙地驻留在了青春的尾巴上。尘世的喧闹，职场的忙乱，一度将那个享恬然时光，过素净人生的梦剪得凌乱而不知所措，总有一些孤独和烦忧无处投递，更不敢让那个美丽的梦重新醒来。可眼前的这一切，这绵绵的细雨，这不知名的小花，这柔柔的小草，竟打动了我，竟让那个尘封已久的梦渐渐苏醒。我分明看到了那花和草的孤独，却又深深地感触到它们的悠然与喜悦。

有云：太阳不语，自有一种光辉；高山不语，自是一种巍峨；蓝天不语，自是一种高远；大地不语，自是一种广博。原来，那绵绵细雨中的小花小草，它们的沉思与沉默，竟是一种风度，一种气质。

梦，被视为美好的象征，当然，也折射着一些现实无法实现的目的。但在我的梦里，雨会洗涤尘世的浮华，风会吹散心生的怨念。我会继续在追梦的时光里，聆听着雨声，在花草之间寻一份淡然，做一个素净的女子!

优秀奖

苦难之上，生出蔷薇

——重读《我们仨》有感

田　丰　包神铁路集团

2016年5月25日，一个重磅新闻登上各新闻报端和网络媒体的头版，著名作家、文学翻译家和外国文学研究家杨绛先生与世长辞。其实她还有一个耀眼的身份——“钱钟书先生的夫人”。但我认为，一个人最大的成就应当是“她是谁”，而非“她和谁”。这样一位杰出的女性，不应当被贴上除她本人之外的任何标签。钱先生评价她为“最贤的妻、最才的女”，这是对一个女人最高程度的褒奖。

曾经读过的中学课本中收录过杨绛先生的作品《我们仨》的选段，出于好奇拜读了全书，终于因为未经世事，读过之后懵懵懂懂，并未留下些许特别的印象。时移势易，借此机由重读先生大作，为先生的才情、胸襟深深折服，明白所谓的“少年不识愁滋味，为赋新词强说愁”皆因没有触摸过生活的艰辛和生命的本真，在无尽苦难中坚持自我，用艰难困苦打磨灵魂，历经所有“天降大任”的考验后在心间开出的花最艳，结出的果最甜。

全书采用倒叙的手法，由钱瑗教授和钱钟书先生的相继离世而起，由杨绛先生回忆一家人生活的点滴乃至直面与至亲的失散而终，未有一语愁思，未见一字消沉，却堪堪让读者痛断肝肠，这是先生大才，更是大悲。

开篇着实精彩，用一个漫长的梦来叙述钱瑗和钱钟书相继病魔缠身直至去世的过程，可见她在内心深处对这一段回忆是持抗拒的态度，但虚幻的描述中却有一段颇为真实。那是午后阿圆（钱瑗乳名）与默存（钱钟书字）的嬉戏，默存保持着一份童心，阿圆也非常慧黠。在这个场景中，先生用大量的笔墨描述了房间里的每一处陈设和两个人的每一句话、每一个表情，头枕上方的小凳、阿圆刚换的鞋、默存的恶作剧、阿圆的调笑……越是具象的描述越见悲情，尤其当我们知道结局的时候，可以想见，这样幸福的下午时光，在“我们仨”变成“我自己”之后会是怎样的精神折磨，但先生仍然独自在世间度过了 18 年，这样的坚韧、这样的泰然，足见其胸襟。

最震动我的一段是：“我的阿圆，我唯一的女儿，永远叫我牵肠挂肚的，睡里梦里也甩不掉。”书中写到这里，阿圆已经病入膏肓，先生用“心上盖满了一只一只饱含热泪的眼睛”来形容最后的这段日子。这些看似平淡的话语蕴涵着一种撕心裂肺的感情，我相信所有身为父母子女的人都会感同身受。我想到了我的妈妈。

我的妈妈是位教师，算是一位传统意义上的“贤妻”，为了家庭放弃了很多，一生操劳。2010 年 6 月，在我刚刚定岗的时候，妈妈被查出直肠癌中晚期，需要立即手术。当我赶到医院，她已经做了锁穿，源源不断的液体顺着细细的管子经由锁骨上的那个洞到达她体内。在那之前我并没有经历过任何挫折，遑论生死。我转过身很久才将眼泪逼回心里。

手术很成功，没有对她的身体造成太大的破坏，接着就是化疗，食不知味，大量脱发，整个人瘦到皮包骨。好在经过一番折腾，身体各项指标逐渐稳定，医生也表示基本稳定，定期检查即可。

6 年过去了，我始终刻意回避她生病的事实，那是我心中不能碰触的伤。我不敢想她还会有多长时间，午夜梦回，思及她或许会因病早一步离开我和爸爸，会让我痛彻心扉。如今 30 岁还单身的我在她眼里成了老姑娘，谆谆教导、疾言厉色，也因为我的急脾气，每每闹得不欢而散。当我读到

“唯一的女儿”这一句，顿悟慈母心，她是害怕在百年后没有人顾我、护我，一切的焦虑，源于“不放心”，我们对彼此的不放心。

妈妈很少出门，几天前和朋友一起到台湾旅行，我千叮咛万嘱咐，衣食住行事无巨细，所有的事情都安排妥当；她在外面每天发消息告诉我有很漂亮的首饰和手工，都给“宝贝女儿”买了。

我在夜里痛哭失声。我看不破生死。

书中后半段描写的是自先生与钱钟书先生结婚、阿圆出生起，一生家庭生活的点滴，其中不乏苦难，欧洲留学的清苦、国难当头的无奈、“文化大革命”的谨小慎微，都流露出生活的艰辛，但先生笔触温柔平和，没有一字抱怨，反而处处洋溢着乐观的心态。在苦闷的生活中寻找快乐，是心中有爱的人的天赋。

她说，没有阿圆和钟书的家，只是她的客栈。如今先生仙去，无怪乎全民感叹“‘我们仨’团聚了”。佛家讲“生、老、病、死、爱别离、求不得、怨憎会”为人生七苦，既然无法回避，就在每一次的磨炼中打磨灵魂。我虽年轻有执念，也盼望来日练达从容。风雨之中，泰然处之；苦难之上，生出蔷薇。

学为人处世规范　与经典同行为友

——拜读《弟子规》有感

王小宁　神宁集团

早在孩提时代便从父亲的谆谆教诲中听到了“弟子规”这三个字，但基于“它”频繁出现在父母无休止的叨念或犯错后的教育中，使我对“弟子规”并没有多少好感。直至今日，为大力弘扬中华优秀传统文化，积极践行社会主义核心价值观，筹建处在全体员工中开展了中华经典《弟子规》传学行活动，让我有幸拜读了《弟子规》，接受了一次震撼的心灵洗礼，也由衷地体会到了当年父母的教子苦心。

《弟子规》是儒家的基础，人性的基础。“弟子”的意思有两个：一是指孩子；一是指学生；“规”就是规范。《弟子规》原名《训蒙文》，是清朝康熙年间秀才李毓秀所作。后被清朝学者贾存仁修订改编，并改名为《弟子规》。《弟子规》全书以《论语·学而》第六条“弟子入则孝，出则悌，谨而信，泛爱众，而亲仁。行有余力，则以学文”为全书的中心思想，采用三字一句、两句一韵的韵文形式，分五部分编纂成书，一直流传至今。

《弟子规》虽为古文，但作者最初的立意对象为受训的儿童，故而字意简单，读起来并不费劲，加之在网上查到杨淑芬老师的讲解，使我对整篇文章的思想有了一个浅显的认识。全文以人的品性修养为根本，具体列举出为人子弟在家、出外、待人接物和求学应有的礼仪与应守的规范，教育一个人从小到大应该刻尽的本分和不应逾越的界尺，虽然觉得有些古板，但字里行间的劝叫，如明镜般映照出我与文中教诲的德行的格格不入，随之而来的是我对人生的迷惑和无助：我究竟应该怎样活着？

祖宗虽远，祭祀不可不诚。子孙虽愚，经书不可不读。废经废伦，治安败坏根由。贪瞋痴慢，人心堕落原因，欲致天下太平，须从根本着手。图挽犯罪狂澜，唯有明伦教孝。误根本为枝末，认枝末为根本。为求解决问题，反倒制造问题。君子唯有务本，本务邦国自宁。

在读大学的时候，对儒家思想产生过浓厚的兴趣，在并不深入的学习过程中，发自内心的感慨古人的智慧，之乎者也中深藏着博大精深的文化底蕴和中华民族代代相传的伦理道德。但是，近代100多年的社会动荡和西方文明的交融，使得原本清晰的文化脉络渐渐模糊，尤其是肃清全社会价值取向的若干次运动，更是雪上加霜。或许，对共产主义和建国领袖的崇拜支撑了上一代人的精神体系，到了我们这一代，原有的价值体系彻底崩溃，物资的充沛更加彰显精神的苍白，我们是文化缺失和精神贫乏的时代的产物，从何而来为何而去，我们没有信仰，却渴望信仰，我们对新的旧的道德标准都报以怀疑的态度，不屑于权威，却又迷失在追求的过程中。

或许会有人笑我矫情，自己的事情都管不好，还去管这些似是而非的东西。但是，这样的迷茫会影响我们的价值取向。偏激的、散漫的或者是愤世嫉俗的内心反映出来的正是我们的自由主义。

俗云："教妇初来，教儿婴孩。"儿童天性未染污前，善言易入；先入为主，及其长而不易变；故人之善心、信心，须在幼小时培养；凡为人父母者，在其子女幼小时，即当教以读诵经典，以培养其根本智慧及定力；更晓以因果报应之理，敦伦尽分之道；若幼小时不教，待其长大，则习性已成，无能为力矣！

看《弟子规》，觉得以前的人挺幸福的，一出生就已经有一套社会认可的道德范本，遵循着约束着，在短短的光阴中，总有被主流思想认可的圣贤书指引着，不管对个人发展是好是坏，但至少不会迷茫无助。一个人有一生都为之坚持的信仰，就算他资质驽钝，依然会有所成就的。

三字经曰:“养不教，父之过；教不严，师之惰。”“教之道，贵以专。”而非博与杂；故一部经典，宜诵读百至千遍。苏东坡云:“旧书不厌百回读，熟读深思子自知。”

按照中国的传统，百事孝为先，《弟子规》因此也将“入则孝”放在第一位。现在自己既为人子女，又为人父母，该做些什么呢？一方面，作为子女，应按《弟子规》所讲的“父母呼，应勿缓；父母命，行勿懒。父母教，须敬听；父母责，须顺承。”最起码做到这些，才能对得住苦养自己成人的父母。另一方面，自己作为孩子的母亲，应正确引导子女诵读《弟子规》，让他们慢慢品出其中的真谛，潜移默化，从小养成良好的品行，为日后健康成长奠定良好的基础，这也是作为父母最大的收益。

“信”应该是贯穿儒家思想的一条主线，也是《弟子规》中讲述比较深刻的一部分。承上部分的“出则悌”、“谨”，启下部分的“泛爱众”。“信”更应该是我们今天的人们必须遵守的行为规范。如果大家都能诚实守信，就不会有农民工的工资需要总理的过问才能发到手；如果大家都能以诚信为本，就不会有那么多的企业见利忘义，往奶粉里面掺三聚氰胺，造成千千万万的儿童遭受病痛的折磨，家庭蒙受巨大的痛苦；如果大家都以诚信为本，就不会有那么多的豆腐渣工程，大灾大难袭来时，国家也不会遭受那么大的损失；如果官员时刻把信义放在第一位，把为人民服务作为自己毕生的信条，“鞠躬尽瘁，死而后已”就不会有那么多的贪官污吏出现；如果大家视诚信为自己的生命，那么人与人之间的关系将更加和谐，社会将会更加美好。“信”这一章不光讲述一诺千金，还讲述了向别人应该学习什么，怎么样对待批评，怎样“朝闻过夕改之”。“信与智义”是相通的。

最后《弟子规》中还写到“余力学文”。意思就是告诉我们要多学习。尽管我们不是学生，但并不代表我们就不用学习。其中“宽为限，紧用功。工夫到，滞塞通。心有疑，随札记。就人问，求确意。”对我感触最深，亦是受益匪浅的。因为这几点也是我在学习和工作中做得最不足的地方。如：对待工作总是按部就班，不到最后一刻都不想去做；对待学习，也不是主动为之，有时遇到不懂的问题，不但没有记录下来，深入研究或查阅资料，而且也没有虚心向别人请教，含糊了事。在读过了《弟子规》后，我将正视自己的缺点所在，依《弟子规》之教诲改之，相信我的工作效率会更上一层楼。

冰冻三尺非一日之寒，对照《弟子规》，发现，陋习多的不是一点，而是全部。欣喜，此书再次开启我的启蒙教育，内审自我价值观，批判的接收古人为人处事的道理，在生活中孝敬友爱、慎言慎行、诚信仁爱，并身体力行，以弟子规中的准则来严格要求自己，加强自己的道德素质修养，争取做到最好。

优秀奖

愿未来的我感谢今天努力生活的自己

韩　晴　天津煤码头公司

又是一年好时节，又到快乐读书季。2016年三八妇女节收到公司工会的礼物是《未来的你，一定会感谢现在努力工作的自己》和《用心做事 用情做人》两本书，前者的书名有点时空穿越的透视感，引得我迫不及待地要看一看。一看之下，原来两本书都是正能量满满的励志书籍，以无数个真实的小故事引导我们认真生活、用心工作，那些故事的主人公有古代名士、有现代达人、有巴菲特、马云这样的搜索榜风云人物，也有在自己所在领域熠熠发光的普通人，他们各有各的坚持，各有各的成就，说明人生态度主导一切，细节决定成败，未来取决于当下。

无一例外的，书上的人最后都成功了，即便失败或平凡了10年、20年，后来他们也成功了，或者成为世界首富，或者成为业界翘楚，最差的也拥有了一家属于自己的饭店并在不断地成长壮大中。这对于奔四的我，实在很难说是一种激励，还是一种刺激。撕心裂肺地想，人生真是苦短啊。人生如果长一点，就可以实现滴水穿石、铁杵成针，就可以见证精卫填海、愚公移山了。可是日升月落，朝花夕拾，我越来越老了，时间越来越少了，年少时的梦想仍然停留在梦想的阶段并渐渐不去触碰了，到底还是一事无成了。那些日日夜夜分分秒秒的大好时光到底是被我虚度了，心中一万只代表焦虑的羊驼呼啸奔腾而过，留下我在料峭春风中凌乱，耳边响起了沧桑的《春天里》。

我离成功还有多远，又或者，什么是成功？记得小时候看过一个科幻故事，一位研究昆虫的著名科学家莫名自杀了，而后几个接触到他的研究成果的科研人员也离奇地纷纷自杀，原因竟然是，他们发现自己一生的活动轨迹和一只低等昆虫一样，除了范围更大一些，没有本质的区别，都是单一而枯燥的。当时我想，能为了这样的理由而自杀，那些科研人员还真是清高骄傲。那时候的我，重复着从家到学校的单一轨迹，几十年后的今天，则重复着家到单位的简单路线。但竟然，也并不缺少源源不断的快乐。突然地，有点鄙视自己。虽然我拥有自己苦心经营的小家，虽然我拥有自己努力奋斗的工作，虽然审视过去几十年的自己，始终赶路，未曾敢歇，但是看着那些真实的成功者的故事，随着岁月流逝衍生的无力疲惫好像最近肆虐的流感病毒一样，悍然入侵到我的关节中，让我酸痛不已。我想起去年网上流行的感动中国组图中的一张图片，一位风烛残年的老人，在晨雾中背着一捆巨大的几乎超过了她瘦弱身体体积的树枝，那是她生火做饭或过夜取暖所需要的柴火。那位老人也是个努力生活着的人吧，她眼神中的光芒到底是坚定还是隐忍呢，她的人生到底是成功还是失败呢。

我没有答案。人生有无限种可能，但能够拥有的人生只有一个。蝴蝶背着她的翅膀，寄居蟹背着他的壳。虽然我对自己说，你一定还不够努力，你还可以更努力。但是，究竟需要多努力呢？庄子言，吾生也有涯，而知也无涯。以有涯随无涯，殆已！或者，很多事情不需要答案，答案本是执念。

流感、疼痛、发烧，然后机体的免疫系统变得比之前强大，读这两本书，如同经历了一场感冒。之后行色匆匆在路上的每一天，认真生活的每一天，心甘情愿背起人生的荆棘的每一天，愿我还保持着从平凡粗粝中吸取养分与勇气的能力，愿未来的我感谢今天努力生活的自己。

Part 05

阅读，让人生更多彩

阅读，让人生更多彩

张晓威　神宁集团

很难想象，一个不读书的人，怎么能够了解过去，面对现实，思考未来。在认真读书，勤于思考的过程中，你会慢慢地懂得，人生的许多困惑和苦难其实并非是你的专利，而是自古以来就有的。

如果想获得智慧，书籍就是你最好的启蒙老师。它会耐心细致地帮助你理解纷繁复杂的思想情感、各式各样的人和事，从而擦亮你的眼睛，避免上当受骗；假若你想成为一个脱离低级趣味，有益于人类和谐进步的人，那么，书籍更是你武装思想的好助手。也许有人会说："享受读书，是你们这些衣食无忧的酸文人，自娱自乐的一种休闲"。这样的说法也不能说完全没有道理，但其实也不尽然。

"你之所以每天天不亮起来背题，那是因为你太笨了，但凡记性好一点、脑子反应快一点的有几个人四五点起来背题？还有……不要老打着为我好的'旗号'来满足你的虚荣……"这句刺痛内心深处的话永远埋藏在我的心底。

那正是2010年10、11月，我参加的神宁集团连闯三关（理论考试和二次面试）中层管理人员竞聘的关键时刻。在那一年底，曾经获得全国铁道部技术表演赛第一名的丈夫被提拔为车务段班子成员；那一年才上初二的女儿开始了叛逆……

我似乎感受到自己就像在琐碎日子的夹缝中，岁月正逐渐在我心中织成一张温柔的网，网住生活，网住生命，网住世界的形状。

现在回忆，曾经几千人的升学考试中，女儿以全校第 18 名优异成绩被银川市第二重点中学录取时的情景，我和家人及亲朋好友为之自豪、为之兴奋、为之欢喜许久。

至今，还清晰记得在查张榜名单的过程中，我和爱人在那千人录取的名单中一张一张找、一行一行查，生怕会错过孩子的名字，一张一张鲜红的纸张从我们的视线中慢慢后移，一个一个耀眼的名字在我们眼中不停移动……霎时，我脑子一片空白——怎么都不相信会没有女儿的名字！那一天，原本一刻钟到家的路程却显得很漫长、很漫长。“快，孩子被录取了，在第一张榜里第一列的 18 号，我又去了，真有咱女儿……”丈夫激动不已的“谎言”使我有生以来第一次感觉到他的表情居然那么可气！“真的，快起来，我带你过去，咱女儿的名字在第一张名单里，咱们只看张榜中后位置的名单”。半信半疑的我一路狂奔，当“刘睿恺”三个字切切实实的耀入我眼帘时，幸福、兴奋、激动的泪水就像泄了闸的洪水夺眶而出。

女儿在我们夫妻二人闲暇时间多以看书、学习陪伴的光阴里一直以骄人的成绩保持在年级前 50 名，那段令我们难忘美好的时光使我们全家曾其乐融融的一起进书店、转公园、买吃穿、看电影。

可是这种幸福的日子到初二下学期，女儿突然间跟变了个人似的——喜欢上了乱七八糟的《漫画》及《知音》。对学习不再那么认真、那么刻苦不说，直到某一天我起夜发现女儿房间透射出的一线亮光时，顿时心跳加速、满身惊恐地悄悄地推开女儿的门，蹑手蹑脚地顺着那光线移到女儿床前，战战兢兢地掀起女儿的被角时，不该发生的还是在她被窝里发生了：一手打着手电筒、一手拿着《漂》的她却先发制人的愤愤地向我吼叫：“你干吗啊！”那夜，我再没合上一眼，脑袋疼到了极致，心情遭到了极点。

就在那个上午，我以家里修水龙头为由请假没去上班。中午，女儿进门，见到明显比以往多了几道菜的午饭时，直接生硬地问道：“没上班?”“上了，今天妈妈参加了集团中层管理人员竞聘的理论考试，我答得快，回来早，就多做了两道菜。”

为了圆这个突兀的考试谎言，硬是逼我真的铁了心给自己定了目标：无论成与败，必须付出努力，从当天开始，每天晚上整理资料到零点，凌晨五点起来背完头天整理的所有内容！

工夫不负有心人，在258人参加的第一轮笔试中我排在第7名，成功进入了第一轮面试的80人行列中。为了抓住第二轮面试也是最具有挑战性的最后一次面试机会，我付出了比前两次考试更为艰辛的学习，在自己设计出题、反复设阻提问并对答演练得过程中，我轻松地走出了第三次考场。

“成功当勤勉，不成多努力，浮沉等闲事，进退两安然。”是我那时竞聘中平常心的写照，终极目的在于用自己的学习精神感化女儿，帮助她克服提前到来的青春叛逆期，改掉心不在焉、应付学习、彻夜偷看小说而不在乎老师批评的恶习。

一天，终于打破了往常和女儿温和说话的语气，憋了很久的我对着女儿嚷道：“为了你以后过得比别人好些，路走得比别人远些，我快40岁的人，每天起五更睡半夜背题，你就不能像我一样……”还未等我话音落下，便发生文章开头那一幕，在女儿面前我又一次的无言以对，伴着我的只有背地里以泪洗面。

期末女儿的考试成绩一落千丈，我第一次被班主任作为后退学生的家长训得无地自容。

一进家门，女儿口气生硬地问道：“老师留下你都告我什么状了，说我什么坏话了？”“马老师信心满满地说刘睿恺学习底子好、脑瓜灵活，如果能改掉近两个月来上课打盹、思想抛锚、看小说这些不良习惯，成绩会很快追上来的。”简单静的交流后，女儿似乎意识到什么，到了杯水回到自己的房间。

接下来的日子里，我和丈夫在相隔不到10天的时间里分别任职到新岗位……转眼，中考结束了。女儿并不是那次家长会上班主任眼里的“无药可救了”，而是“出乎意料”地接到了二中高中部的录取通知书，压在我心中一年多的石头总算落地了。

2015 年，女儿被北师大珠海分校录取。虽然没进入她理想中的重点大学。但是到了大学的她更深刻地认识到：学习是一件很艰苦、很漫长也很快乐的事情，就像登山一样，要踏实、要持之以恒。现在的女儿，很多课余时间都遨游在图书馆的浩瀚海洋里。每当和她爸微信视频交流看完一本书的收获时，也是我们全家最幸福的时刻……第 21 个世界读书日，我给女儿寄去了在书店精心购买的《努力，才配有未来》、《心灵鸡汤》以及我的一篇《与书为伴的光阴是一种幸福》和写给她的第 8 封信。

女儿上大学后，我每天工作之余，除了早晚近 2 小时的健步走和至少 1 小时的阅读外，在拾掇和欣赏那些我精心培育的 20 余盆君子兰时，和丈夫一起交流彼此所看书籍精彩内容便是我最大的爱好。

读书点亮梦想，读书照亮人生，人生之路也因读书而更加绚丽多彩！书是一束光，能把暗夜中的眼睛点亮；书是一团火，能把寂寥寒冬中的心暖化；书是一片云霞，能使人心充满一片美好的向往；书是一阵清风，能驱尽你身上的暑热，使你感到一阵凉爽、舒心。

腹有诗书气自华

黄 娟 神朔铁路分公司

知识不分男女，读书也没有国籍和性别的讲究，但是不管从底蕴还是涵养来讲，书都是人生中不可缺的一部分，是构筑中国梦的基石，是铺就成功人生的金手指。

改变人类的是日益精进的科技水平，改变大家的是整个社会的文明，而改变我们这个三口之家的力量，就是对于知识的上下求索、对于书籍的孜孜不倦。在我的房间里可少些奢侈的化妆品、高端的家居品，唯有书是不可少的。这不但是我的个体意识，也是我们整个家的家风习惯，我和先生秉持着每日一阅的习惯，并竭力将这种精神流传给我们的下一代。

作为一位已婚女性，作为一位工作数年的铁路部门的女职工，这种意识在工作的循序开展和生活节奏的适应中不断清晰，时间从来不是推脱的理由，只要有心，就能够时时刻刻挤出阅读的时间。我每天告诉自己，时间就像海绵里的水，挤一挤就有了，况且这种工作之余的情操陶冶是另一种放松和休憩，比无聊地打发时间要充实许多。平时在家带孩子有时难免两头难顾，但是渐渐地掌握了平衡，就会发现这不仅可以成为生活的调和剂，也是给孩子营造一种从小的书香氛围，进而影响她的一生。

纵然做不到像张爱玲一般的浪漫天赋，在文学上挥洒出极致的才华，也不能像三毛一样，用悲戚的生命去演绎文艺。自古以来出色的女诗人女作家也数不胜数，我真正佩服的只有两人。林徽因出身书香世家的先天条件给了她外貌以外更宝贵的修饰，一身才气，在民国时期，犹如初夏娉婷的荷，傲立于世间。但是这位才情兼备的女子却在最后的年华把自己献身给了建筑事业，她用她的一切生命和爱去帮助着梁思成，既是拯救了两人风雨中筑建的小屋，也是为危难之中的国家尽了心力。第二个是张兆和，身为沈家的女儿，却敛了全身的光芒，与沈从文度过了最艰难的“文革”岁月。女子拥有涵养和品行是值得珍视的，而懂得怎样用自己的知识去平衡家庭和事业，去为社会和国家做点什么，才是真正意义上的文化人，才是书籍真正想让我们表达的本质东西。

一本真正的好书不是能让你在瞬间变得伟大和深邃，而在于你从每一句话中都能品悟出点什么，哪怕每天只有一句，也弥足珍贵，好过接受大量庸俗无用的信息。于我而言，不是所有人列表中的必读书目，才算得上是好书，也不是时下流行的阅读风尚，才值得追捧。如上文所说，书要算得上对自身有益，对工作生活有益，才有它实现意义的价值。如何多读书，如何读好书，我有明确的定义。涉猎的知识在精不在广，都只是略知一二的话，到最后还是会变成什么都不懂的“盲者”。从工作出发，要先掌握本职专业内的内容，因此平日里对铁路方面和党的动向方针相关内容，我都是沉心静气地去阅读，书籍不光可以告诉你报纸社论或者新闻报道的内容，还能够帮你抽离世俗的偏见和干扰，让你真正看明白里面的名堂。

在这种基础上面，可以针对性地找些方面性的书，无论是国学、历史，还是党史。这些本由兴趣而发，但是要靠信念和毅力去坚持，成果全在于能否有思有悟地努力下去。我们民族的悠久性决定了浓厚的文化底蕴和传承意义，文化本身已经足够令人着迷，当你通过有限的书籍去勘探民族无限的过去和未来，就能够体会到源自内心的欣喜和满足。我不愿只是此刻的觉醒，我的孩子、家人，甚至延续的一代代，都应该把继承创新文化的责任传递下去，而书也是唯一不会骤然消失的文化容器。

能干一件自己喜欢的事不容易，况且这又是一件有益于人类的事，这并不是上升到高层面的夸赞和言过其实，其实只是为了表达书籍带给我的一种幸福感罢了。它让我的生活变得充实并富有情趣，让我的家庭变得温馨而又其乐融融，更是让我在单位和社会找到了存在的价值。这种附加在女性天然的感性上面的理性，无意识地增强了我们的文化修养和思想道德水平，不管是小到家庭矛盾的处理，下一代的培养教育，还是大到为中国梦效力响应十八大蓝图建设。

任何女人都好像与生俱来得到了洗衣做饭生儿育女的天分，但是我们同样拥有提升自己解放精神的权利，而书籍赐予的独一无二的财富，是我们徜徉社会文明的通行证。因此我们有什么理由去拒绝去品读最适合的书籍，哪怕这要花去许许多多个夜晚和午间。

书香四溢满家园

张　静　大雁集团

莎士比亚曾说："书籍是全世界的营养品，生活里没有书籍就好像没有阳光；智慧里没有书籍就好像鸟儿没有翅膀。"作为从事文字工作的我，读书的兴趣从小学一年级开始，在我的熏陶下，全家人都喜欢读书。家里每次搬家最大的"财产"就是书和书架。

我对书的渴望就像饥渴的孩子寻找水和面包一样，30年来从未停止。8岁时，已经学会拼音的我，经常到亲戚、邻居家串门、"淘书"，用拼音查字典读书。书无论是新的旧的，还是完好的、破损的，我总是想尽办法借来一读。如果主人实在不想借，我就赖在人家，坐在小凳子上读完了再走。我对书痴迷到了一定程度，常常不食不喝不眠，直到读完书为止。真可谓是"读书不问天下事，管它春夏与秋冬"！积攒下来的读书笔记有7本之多。

现在条件好了，不必四处借书来读了，书店和图书馆便是我最常光顾的地方。逛书店时，我每次都带着女儿。我和女儿畅游在"书山文海"中，边看边挑，乐不可支。每次都是抱着一大摞书回家，累得大汗淋漓，还兴奋不已。

书也是我们全家三口人的伙伴。每天晚饭后散步回来，是全家的读书时间。我捧着最喜爱的诗集，一篇接一篇地"大快朵颐"，女儿在她的小书桌前看自己选的儿童或科普读物。爸爸边喝茶边用电子书看机电工程类文摘。我常告诫女儿，你如果想把作文写好，就一定要多读书，读精品书，把好词好句摘抄下来，放进自己的知识储备库，经常诵读。“读书破万卷，下笔如有神”就是这个道理。女儿忽闪着大眼睛，说：“妈妈，知道了！我的《动物大百科》里有翩翩起舞的蝴蝶，有憨态可掬的大狗熊，还有凶猛暴躁的大白鲨……我要去和它们聊天了！”看到女儿这样爱读书，我十分欣慰。2016年4月，女儿学校召开读书汇报会，她自己写了读后感，拿着自己喜爱的书，在全年级的同学面前大声畅谈读书感想，为同学推荐书籍，赢得了阵阵掌声。

读一本好书，就如同和一个高尚的人在交谈。当生活遇到挫折时，当工作遇到难事时，读书，可以让烦躁的心情渐渐平复，让人的思绪豁然开朗。也许书中作者不经意的一句话，就成为点亮你航程的明灯，也许书中一段精彩的描述，就可以成就你一次完美的旅行。书本更是位好老师，教会了我们许多不曾了解也不曾经历的事。一本《地理风物志》让人了解世界风情，各地民俗，生活百态。让你坐在家里就能如临其境地畅游马尔代夫，穿越北美原始森林，与非洲象亲密接触。

“书痴者文必工，艺痴者技必良。”女儿说：“读书能够回答我无数个为什么，能让我领略祖国的万里河山和各民族风情！”我深以为然。“腹有诗书气自华”，读书让女儿拥有了谈吐不俗的气质，言谈中常会迸出优美的词句，还有成语，这对一个小学生来说已经是很大的进步了。更可喜的是，通过长期的读书、积累，女儿在年级作文比赛中荣获了一等奖，全家高兴极了，这也更增加了女儿读书的兴趣。

好书可以让一个人改变人生态度，拥有良好的品行。通过读书，我领略了三毛笔下的撒哈拉沙漠，亦舒的香港社会众生百态，林语堂的无为而治、顺时而生的老庄哲学；也被《平凡的世界》中主人公对生活的热爱和逆境中不屈的抗争深深感染。读了陈忠实的《白鹿原》、贾平凹的《废都》、柯云路的《新星》，让我更加珍惜生活，善于捕捉生活美好，懂得感恩。

爸爸也因为每天读书学习，积累了许多素材，扩大了知识面，他与工作实际相结合，撰写了机电类论文《立体仓库模拟装置的设计》，荣获内蒙古科技论文大赛二等奖。

“书卷多情似故人，晨昏忧乐每相亲。”与书约会，怡情怡趣，快乐优雅。书中有无尽的哲理，有饱满的热情，有动人的画卷，有性格迥异的人物。让我们都拿起书来开始阅读吧，养成良好的阅读习惯，提高素质，营造书香家庭氛围，为中华民族的素质提升多做贡献！

不只是读书

张小艳　神东集团

前段时间孩子生病，带去康巴什看病，我和爱人都是路痴，“林志玲”甜美的导航声必不可少。导航实时更新，但还没具体到哪条路今天设了路障。连续两三个路口后被眼前封住的路“蒙圈”了。没想，继续跟着导航走也还高效地到了目的地。导航，根据实际，随时调整状态的娴熟，让我这个用惯了导航的人，那一刻突然多了几许感慨。

“你看看现在的人脑子多发达，那时候哪知道这些”，婆婆先开口了，“我这辈子最羡慕那些头脑聪明的人，那么多的数字和复杂的东西，还有这些修路的人都是怎么设计的?”看着前方敞亮的大路，婆婆感慨着。接着说道:“我看中央台的《开讲啦》上的马云的一期，人家那眼界，就是不一样，还是要有知识了。”

“嗯嗯，眼界和思维不一样”，我跟着应和，爱人歪头一笑，说了句，“知识改变命运么，要不人家怎么会是马云。”

这条路，走了不止一遍，这一次想的却比任何一次都多。一个重要的原因是，受导航启发，自己突然想到，怎样才能具备处事不慌，随机应变的淡定与智慧。后来，我看了几个马云演讲的视频，他的创业历程充满了传奇，成功跟他对知识的执著追求密不可分。在马云的演讲里，不仅能听到故事，更多的是能发现一种新的思维，而这些是我们所缺乏的。马云，因为善于读书，善于学习，引领了潮流。

常说，人生有两种书，一种有字的，一种无字的。正如千人千面，读书自然也会有一千个“哈姆雷特”。我们从小就与书结缘，就连我一周半的儿子都有了选择的意识，挑他喜欢的绘本看。为了让他爱上读书，我会在他的玩具堆里冷不丁添个“障碍”，也会在睡前哄他开心说，“妈妈给你讲故事”，这些举动最深次的动机来自于对“知识就是力量”的认可。而儿子牙牙学语，指手画脚的模仿，常常逗乐我，也会给我不少惊喜。

于是，家里的书架的布局被我和爱人优化了一番，底下两层，儿子够得着的地方都放了他爱翻的“花花书”，儿子兴趣来了，也会站在书架前翻翻看看，我觉得这样的画面很舒适。这也成为我工作之余，最好的放松。

读书有很多种，读书的目的也因人而异，但也有好多人不为目的而读书，反而有了大成。身边就有这样的例子，大学时候，我的现代文学老师刘先生，出身贫寒，长相普通，谦称“土豆先生”。但他上课时每每迸发出的灵感和那渊博的知识，让不少学生着迷，个人魅力直线飙升。以至于毕业后，点开他的 QQ 空间等看他的书评、生活杂感成了他的学生非常享受的一件事，因为大家愿意相信，一个爱读书、勤读书的人，生活里充满智慧。可跟这位老师聊天的时候，他总是说:“小的时候家里穷，不怕笑话，因为饥饿我严重营养不良，长成了现在的样子，读书改变了我的命运，但是我那时候只想着读书，其他的什么都没想，谁想最后读书回馈了我新的人生。”因为读书，他成为村里的第一个大学生，第一个博士，第一个博士生导师。

然而，有些时候，读书和智慧也不一定成正比，智慧的人总也告诉我们许多书本里有或没有的。我的爷爷大字不识，连自己的名字都不会写。可贵的是他把读书学习看的比什么都重要，我父亲辈的时候家里贫苦，没钱供书识字，这在那个时代成了一种“自然现象”。

随着时代的进步，日子越来越好了，爷爷年迈了，对孙子们的学习却看得很重，小时候因为买学习用具这些理由总能跟爷爷要到零花钱，也会因为得了奖状得到爷爷的奖赏。爷爷盼着我们上了大学，每次假期，他都会早早的迎在院子里，我则会拉着爷爷的手，高高兴兴的回答爷爷的问题，爷爷问得最多的也是“考的咋样?”然后，接过我肩上的包，回到家里，揭开大锅，不顾烫手地端出前两天就给留好的一碗“好吃的”。我三扒两下吃完后，油着嘴，冲着爷爷笑，爷爷也乐出了声。这才想起回答爷爷的问题，骄傲地说一句:“好着呢!”

这是我和爷爷的生活片段，他从来不知道一本书名，可晚辈们读书取得的奖状，他端端正正地贴在墙上。这些细微的举动，现在想起来都觉得，爷爷对念书人的看重，对孩子们的厚望。

人们常通过自己感悟和书本所得去创作一些自己喜欢的作品，遗憾的是，爷爷有生之年，我没有为爷爷写过任何东西。爷爷也是第一个离开我的亲人，最后大家让我给爷爷写份悼书。回忆起爷爷生前的点滴，特别是他的为人是村里出了名的，将这些认识、体会，还有对爷爷的思念化成文字时，眼前一片模糊，第一次那么真切地感受到文字带给人的安慰也好、念想也罢，而这种“动心”是以往任何一本名著、任何一篇散文无法给予的。我甚至想到，爷爷的一生好像是一本书，只不过朴实无华，放在一个不起眼的角落里等待人去挖掘，可只要你翻开第一页，就会被这位老人的勤奋、耿直、宽厚所感染。而生活练就的老人的品质和韧劲，也成为我的一笔精神财富，我想，不要因为有知识而自大，也不要因为有知识而忘记了善良，生活教给你的，有些是有字的，有些是无字的。

从事新闻工作，需要客观，也需要善感。每次遇到书里的什么好的词句我都愿意记录下来，也许后来再没有翻开过，但那个边记边读的过程也给我了享受。工作需要，自己看的书也比较杂了，除去专业书籍外，也看一些煤炭发展相关的书，总想着给自己补补脑。有了小孩后，又开始看儿童心理学、教育学方面的书，也是希望书能带给我一些灵感，让孩子的成长多些乐趣。遇到一本“有缘”的书，也会在孩子睡着后，赶着看完。只是这种时候不是很多，有时候也给自己找借口，以至于后来每次看书，爱人还会打趣一句，“看书的女人最有气质”。

……

静心一想，书在我生活中分量不小，所带来的影响应该说是潜移默化的。就如大学时候老师所灌输的，意识形态也像一间屋，只有思想的巨人，才会感觉到四壁的存在。至于思想的侏儒，永远都不会有碍手碍脚之感。这句话经常在我因懒散而好久没有读书时，提醒自己已经“面目可憎”了，也会觉得自己的肚子里没有东西。读书带来的收获，也总会激励我，努力做一个自己喜欢的自己，不要因为生活的纷杂，忘却初心，也不要因为生活的负重，而失去应有的善良本真，应该做的是与书为友，将这些有字的、无字的书利用起来，忠于自己的内心，融会更多的美好，和顺地对待人生。

书香常伴　智慧人生

——写给即将成家的儿子

冷亚军　国华电力公司

儿子即将成家立业，脱离父母庇护，撑起家庭的小船，在广阔的人生海洋航行。作为母亲，可谓百般不舍。真难相信，那个在妈妈怀中吃饱嬉戏的小宝贝，那个独自骑自行车去学书法的小男孩，那个迈着庄严脚步，汇入考生人海，走进高考考场的高中生，怎么突然间就变成高大魁梧的新郎，呵护他心爱的姑娘，开启生活新的征程。儿子，我们曾经抱着牵着扯着唤着的宝贝，感谢你给父母那么多的辛劳，那么多的牵挂，那么多的难忘，那么多的快乐，对你的祝福和嘱托有千言万语，让它凝聚成一句话，那就是，在今后的生活中，你要多读书，读好书，书香常伴，智慧人生。

儿子，你们处在独生子女时代。每个孩子都承载着父母的人生希望，是我们全部生活的重心。尤其是在你们未成年，能够让父母做主的时候，父母不顾一切投资教育，唯恐孩子输在人生起跑线上。这个辅导班，那个辅导班，把你们的童年塞得满满，剥夺了你们应该享受的童年美好时光，掏空了父母的腰包，可是当你们长到青春反叛期，竟像脱缰野马一样脱离父母设计的轨道，将父母的辛劳和希望付之东流。

究其原因，是因为我们初为父母，不懂得教育规律，不加强学习，盲目攀比。把孩子兴趣爱好和快乐扼杀。一个人的经验是有限的，面对复杂不能再回头的人生，唯一能增长智慧、少走弯路的方法就是多读书学习思考，用先进的智慧和理念武装自己的头脑。

儿子，还记得小时候读安徒生的《豌豆公主》吗？一颗藏在多层鸭绒被下的豌豆，会将公主折磨得彻夜难眠，我从那个童话里得到启迪，培养你吃苦耐劳的能力。谁不心疼自己唯一的孩子，希望他永远舒舒服服，快快乐乐？可是稚嫩的感知怎样去抵挡生活的风霜雨雪？唯有练硬自己坚实的骨骼，面对生活的风暴，才会“千磨万击还坚劲，任尔东西南北风。”

儿子，看你顶着风雪，骑自行车到几公里外去学习书法，脸和手都冻得通红，妈妈心比你还痛，但你必须要经受这种磨炼。这份苦你也没有白吃，一写作文，你就把它当题材，真实生动，得到老师的好评。

你小学六年级时，你的班主任老师是我的好朋友。别的家长找老师，大多希望老师能对自己的孩子多一份关爱，而我却请求老师对你多加“打压”，体活课，同学们都到操场上玩耍，你却被老师独自留下清理班级卫生。你由“怨气冲天”到“心平气和”，再到请俩仨“死党”帮忙，把教室清扫得干干净净。你能咽下委屈，从容接受不公平并把事情处理好，说明你已经长成真正的男人。“宰相肚里能撑船”，一个男人，必须有宽大的胸怀。

感谢在你成长最需要的时候，我买到刘墉先生为女儿写的一本好书——《靠自己去成功》。我把这本书带在身边，认真品读。从书中寻找教育你的方法。我明白，如果让孩子做一辆没有电瓶的车子，父母师长在后面怎样推，也不会跑远。家长逼孩子“苦读”，不如孩子自己“乐读”，正如孔子所说“知之者不如好之者，好之者不如乐之者”。所以，必须让你自己对学习感兴趣，获得成功的快乐，主动学习，自己不断给自己加油。

还记得我们一起阅读中学生必读的经典名著，我假装不知道内容，让你绘声绘色地讲《鲁滨逊漂流记》、《格列佛游记》，还记得你读不进去《水浒》，我们就先看电视剧连续剧，回头再读原著。感谢《钢铁是怎样炼成的》、《名人传》等经典名著，激发你树立理想、克服困难的勇气和毅力。

学习，是一项艰苦的活动，“书山有路勤为径，学海无涯苦作舟。”难忘你高中时书桌上那一摞摞厚厚的书本，那一道道冥思苦想也无从下手的数学、物理难题，难忘那深夜十二点的灯光，难忘老师的鼓励，梦想的激励，还有妈妈每天从《读者文摘》、《心灵鸡汤》等刊物上读到的励志小故事，用手机信息发给你，给你鼓劲。感谢你的百折不挠，感谢你和同学相互鼓励，终于考上理想的大学，又一口气读完研究生。

儿子，你离开学校走进社会，真正的学习刚刚开始。要记住习近平总书记告诫青年的9句话，在人生的黄金时期，如饥似渴、孜孜不倦地学习，既多读有字之书，也多读无字之书，注重学习人生经验和社会知识。掌握一门过硬的本领，立足于社会，服务于社会。用辛勤的汗水浇灌梦想的种子，让青春写满奋斗和无悔。

儿子，现代社会的发展日新月异，如果不加强学习，随时会被淘汰。不断学习，是事业和爱情唯一的保鲜剂。“问渠哪得清如许？为有源头活水来”，认真学习，常伴书香，才会使生活拥有源源不断的活水，激起美丽的浪花。

和你说这么多，你一定狡黠地笑了，读书学习，可不是我一个人的事。是啊，读书学习，常伴书香，是每个人一生的事，不分青年和老年。

让我们记住莎翁的话：书籍是全世界的营养品，生活里没有书籍就好像没有阳光；智慧里没有书籍就好像鸟儿没有翅膀。

让我们书香常伴，智慧人生。

优秀奖

诗意和远方

冉　莹　国神集团

“好雨知时节，当春乃发生；随风潜入夜，润物细无声。”当冬天的酣睡被悦耳动听的鸟鸣惊醒，夜里无声的风雨让庭院石阶上铺满缤纷的落花，春天就这样在杜甫一首《春夜喜雨》的诗里活灵活现，生机勃勃地来到我们眼前，这如何不让我们发自内心的喜悦和充满对大自然的热爱呢！

诗就像春花，为我们展现人间最美好的生活；诗像秋月，为我们唱出人间最细微的心曲；诗更像一个前行的人，怀揣使命走向远方。诗是有空间、概念的载体，具有非常大的情感空间。有时候一首诗读着读着自己就会很感动，这就是诗带来的一种难以形容的感触和力量。诗让我们的心灵世界充实，让我们的情感生活丰富，让我们的想象天地广阔。我相信雪花和花瓣，早春和微风，沙砾和风暴在每个人的感受中都是独特的，都是可以充满诗意的。

我非常喜欢微信公众号“为你读诗”栏目。它向爱诗的人发出了“如果，一颗年轻的心，流淌着诗的韵味，便道出了青春的来意”。如诗一般优美的邀请。各个领域和年龄段充满正能量的人们都参与经典诗歌的诵读，以诗的语言，阳光的态度，重温经典，这让爱诗的人怎能不心旌荡漾呢！

我除了自己喜欢诗，也和女儿一起读诗。精心给她挑选了《一个孩子的诗园》、《给孩子的诗》、《诗经》、《唐诗三百首》等适合她读的诗歌选集，当作枕边书，随手可拿，随时可诵读。我认为熏陶对于孩子很重要，不管她懂还是不懂，在她的潜意识里是有理解和接纳能力存在的。就像我们很小的时候不明白的一些道理，会种在我们的心里，等慢慢长大了以后就逐渐领悟一样。而读诗就像是埋下的一粒种子，它会慢慢生根，发芽，开花，结果。

平时，我们坚持用普通话来朗诵诗歌。每当我饱含深情地诵读时，女儿常常会打断我，一会儿说我读得太矫情了，一会儿又纠正我的咬字不标准；我也会挑她的刺儿，不是嫌她声音不够洪亮，就是指出她读得没有感情……我们读诗就是在这充满愉悦的欢声笑语中被打断，打断后又继续重复。这样的读诗陪伴，真是一段最美好的记忆。

不经意间，很多东西开始潜移默化，女儿开始用心来感受诗的美好了。当我们一家人来到大海边时，她站在浪花里闭上双眼，张开双臂，拥抱大海的时候，脱口而出的是："从明天起，做一个幸福的人/喂马，劈柴，周游世界/从明天起，关心粮食和蔬菜/我有一所房子，面朝大海，春暖花开……"这是她非常喜欢的海子的诗《面朝大海，春暖花开》。这就像我们儿时背诵的古诗词，虽不甚解其意，却因为朗朗上口，全都根植在心中，随着岁月杳来，佳句会自然而出，顿时会豁然开朗。

人们常说，儿童是天然的诗人。顾城12岁写下《星月的来由》："树枝想去撕裂天空的，但却只戳了几个微小的窟窿，它透出了天外的光亮，人们把它叫作月亮和星星。"多好的诗呀！孩子们未染世俗，不谙世事，对万物具有神奇的关注力和感悟力。突然有一天，女儿神秘兮兮的来到我面前，双手放在身后，不好意思欲言又止的样子。原来她悄悄地写了几首诗，还有点不好意思呢！我们积极鼓励她大胆尝试，相信自己也能写出诗来。于是，在女儿的小诗本上，慢慢有文字的排列和组合，她的灵感也让文字有了旋律，真是奇妙的体验！许多出人意料，充满童真、童趣的小诗如涓涓细流欢快地向前流淌。瞧她的小诗《围棋》："你是黑棋，我是白棋，咱俩来下棋。你先走，我再走，最后看谁会赢！"多么简单和率真。还有她的《玻璃人》："世上为什么有玻璃人/谁也不知道/世上为什么有玻璃人/是个未解之谜/世上为什么有玻璃人/这是上天的安排。”不经意间，小小人儿的脑袋里竟然有哲学意味般的思考了，真是让人忍俊不禁的同时深深感到欣慰，孩子在诗歌的熏陶下长大了！

有幸，在探索现代诗人、诗歌、诗集新的发展方向上，我带着女儿通过“众筹”的方式参与了重庆诗人李潼军先生的《无法告别》诗集发布和诗歌朗诵会。非常佩服李先生，他原本从事期货工作，写诗是业余爱好，如此的跨界，让他在繁忙的工作之余还能坚持写诗，足以见证诗歌的魅力所在。而“众筹”的方式无疑是现代诗歌发展一种新的探索和尝试，让诗歌和爱诗的人可以走得更远！在朗诵会上，女儿看到那么多人喜欢诗，那么多人在饱含激情的朗诵诗，深深被打动，她说她以后也会写好多好多诗，要像李叔叔一样出诗集。当时，真是很感动，真希望在她青春年少时就能和诗歌结缘，撞击出火花，让内心充满对生命的激情和感恩！

在清晨或午后温一壶茶，在睡前温暖的灯光下，让我们都来读诗吧！感悟最优美动听的语言之美，让我们的生活不只是衣食住行，还有诗和远方。

书香清茶暖时光

王　叶　煤制油化工公司

清风携一缕暖暖的阳光而来，透过窗户洒落屋子。我喜欢，一杯茶，一本书，在茶的芽色中体味生命的枯萎与盛放，在书的文字里采集花香和雨露。浑厚醇香的茶，韵味无穷的书，在这清浅的时光里，一个流过喉咙，一个跃入眼帘，让人平静，让人享受，涤荡着心头的小甘泉。闭门只为书卷香，这缕书香，在我的生命里飘散开来。

翁森在《四时读书乐》中视四季为读书的好时光，并感叹到“读书之乐乐无穷”、“读书之乐乐陶陶”。我的外公是一位年近八旬的老人，满头白发，眼神不太好了，耳朵也听不清了，可是依然保持着对书的热爱。由于小时候家庭条件的原因，外公小学毕业就辍学了，一直为家庭生计奔波的他直到退休才有了大把的时间重拾书本。每天早晨吃完早餐后，老人家就会拿着老花镜安静地坐在沙发上阅读，享受读书的乐趣，并在手边放着一本《新华字典》以便遇到生僻字时可以及时查阅。回想起外公让我教他查字典的时候，他那认真的表情，像极了刚入学的学生。外公经常说：“读书是最好的事，你们都要好好珍惜现在的条件，多读书，多出去看看。”有时候我去看他，窗台上厚厚的一摞书常常让我心生敬佩，从武侠小说到抗日战争，从健康养身到老年防骗，有借的，有买的，外公一个字一个字看得极认真，他坚持着自己的书香生活，也在阅读中领悟生活的真谛。

在老人身上我深切理解了在学问的辞海里，永远找不到“毕业”两个字。在眼下时代，许多人都想通过读书“走出去”，可是，走出去以后，更应该及时“走回来”，依偎在墨书边，做一个灵魂有香气的人。

苏轼道：“腹有诗书气自华。”我的母亲是一名普通的职员，从小她就告诉我，女人的美，不仅仅是拥有亮丽的外表，更重要的是善良的品格、良好的修养和淡泊的心态，内外兼修才是真正的美。母亲爱书，临睡前非要看上几页才会安然入眠。在我学生期间，母亲常常因为督促我读书做笔记，与我一同看书摘抄美句，后来这渐渐成了她的习惯。书柜上，母亲整理了三本笔记，有关于美容的，有关于美食的，有关于教育孩子的，有关于提升自己的，密密麻麻，详详尽尽。作为一名普通的中年女性，母亲少了市井妇女的嘈杂和计较，多了眉宇间淡泊从容的气质和心态，在家庭的关系处理、家庭教育中更是拿捏得当。从读书过程中，她不断增长见地，日积月累如同一块被岁月打磨的玉石，褪去青涩和浮躁，留下温润和从容。

做个淡淡的书香女人，把读书作为生活的常态。从春花读到秋月，从夜雪初霁读到朝暾夕月，用文字绘制时光，在岁月运行中感受读书的滋养，用质朴清雅、兰心蕙质的美好编织一把伞，走一条通往永恒魅力的路。

在这样的书香气氛中，我也喜欢书在左右。或信手闲翻，或静心细读，或一瞥略过，或反复品赏，本是不安平静的人，却在书中的世界找到了我最爱的喧嚣。虽然不能足涉天下，也要游弋书海，和屈子同愤，与太白同醉，同东坡聊发少年狂，在纳兰的画扇中陶醉，从陶潜的桃花源里走出来。心情时而大恸，时而微喜，一波三折，百转千回，在书香的氤氲中，神思飘逸。一本书用心去读、去品，无穷乐趣自在其中。

有书这样描写女性：“我们就像一个命运的绣女，只要心中存着完美的图案，平心静气一针一线宁静地绣下去，便会日臻完美。到了生命结束的那一天，完美谢幕。”完美是一条漫长的修行之路，而在修行的过程中，读书确实是一条非常实用有效的途径。工作的琐碎，生活的操劳，常常会使我们心情郁闷，目光短浅，心胸狭窄，此时我们更应该去读书，用书香滋养心灵，带来修养的提高、视野的开阔，以及赏心悦目的思考能力。同时，女性不断提高自己修养的同时，更能为孩子提供良好的教育，给爱人更多理解，给生活更多平和和宽容。时光温良，岁月静好，这个世界上，只有自己能推动自己，改变自己，创造自己。只有心底的明媚，才能让每一位女性以优雅从容、和平笃定的生命姿态面对生活。

如今，女性作为企业发展的“半边天”，谱写着巾帼不让须眉的凌云志，对自身事业发展都有不同的追求，更要有丰富的知识、博大的胸怀和健康向上的生活态度。公司设立了“图书一角”，旨在“倡导女性阅读，建设书香家庭”，指导女性读好书、用好书、藏好书，找到与书为伴、以书为友的乐趣。引导女性注重家风、重视家教，争做智慧女性，为建设书香家庭、书香社会贡献力量。

啜一口暖心的清茶，捧一卷泛黄的诗篇，看云卷云舒，观花开花落，生命在一天天书香的濡染中，变得愈加淳厚又耐人寻味。“世界那么大，靠双脚走，道路太漫长，就让书带着我们走遍天涯海角……”

优秀奖

阅读往事

裴书红　神朔铁路分公司

我的父亲是个老实巴交的手艺人，年轻的时候经常东跑西跑去给人家做木工活儿。有一年冬天，父亲到邻村兵营干活儿的时候，正赶上兵营里的图书馆要换掉一批旧书，很多老旧的书都堆在院子里准备要扔掉了，父亲看到后如获至宝，征得管事人的同意后，便把它们带回了家，有整整一麻袋。

自我记事起，家里几乎一贫如洗，这些破旧的书籍，如同上天恩赐给我们的一笔珍贵财富，在此后的很多年里，都占据着非常重要的位置。它们被整齐地摆放在柜子里，成为我们全家的精神食粮，甚至有人想要借阅，心里都百般不愿意。

在这样物质与精神双重匮乏的年代里，这些破旧的书籍给我的童年带来了无限的乐趣。尽管年龄小，很多书都看不懂，但也看得津津有味。这些书大部分都是成套的名著，中国名著有《红岩》、《太阳照在桑干河上》、《平凡的世界》、《战斗英雄故事选》、《山菊花》、《林海雪原》、《永宁碑》、《李自成》、《三国演义》、《水浒传》、《红楼梦》等；还有许多外国名著，《童年》、《热爱生命》、《远大前程》、《昆虫记》、《鲁滨逊漂流记》、《简·爱》，等等，这些书成为我童年时光里最为隽永难忘的美好记忆。我曾经因为看了《昆虫记》而在夏日的晚上到树林里去观察蝉的蜕变；也曾因《鲁滨逊漂流记》去挖来黏土学习制作陶罐；还因为《三毛文集》使我对贫穷落后、酷热难耐的撒哈拉大沙漠充满向往；《水浒传》里英雄一个个惨烈的结局使我的内心流泪；《简·爱》让懵懂的我对美好的爱情充满了幻想……人生最美好的事情，莫过于在青葱岁月里，在最美好的年华里，读到很多有益的书籍。幸运的是，那时的我能读到的书虽然不是很多，但依然使我感受到了在墨迹书香里畅游的欢乐。

1998 年我到省城去读中专，学校的图书馆是我最常去的地方，那几年里，我又读了很多文学方面的名著和一些名人传记等，其中印象最深的就是《希特勒传》，因这本书的缘故，我才了解了二战时期欧洲战场的历史。

2002 年我从学校毕业参加了工作，不久后非典暴发，母亲因为担心哪儿都不让我去，我因此被困在家里。实在无书可读的情况下，我竟然将一本《现代汉语词典》从头到尾仔细看了几遍，旨在提高一下自己对汉字的熟练程度。我把所有经常读错认错的字，一一做了记录，这一过程中还发现了很多有趣的地方，比如汉字里含意最多的一个字——“打”，含意多达 24 种，仅词典上的例词就多达数百个之多。有时意思完全相反，但用起来却得心应手，非常有趣。比如形容两个人有矛盾，叫“打架”；形容两个人关系很好，叫“打成一片”。还有很多汉字也非常有意思，这学习的过程可谓乐趣十足，收获也颇丰。

后来工作调到了燕家塔车站，听同事说神木北站有公司的图书馆，便立即跑过去办了借阅证，首先借来的便是《不列颠百科全书》，因我自来到神朔铁路之后，便对这里的地理风貌以及我每天与之打交道的煤炭产生了浓厚兴趣，于是赶紧借来百科全书的《地质卷》和《生物卷》，认真读了两遍，还做了很多笔记，记录下神朔线所在地区“千沟万壑”特殊地貌形成的原因，还有我们整日打交道的“黑金子”的形成历史及分布等，休班的时候我喜欢爬到山上去观察地貌，也会捡一些植物化石回来，也会面对一块煤块儿冥想半天，想着数亿年前这煤块是什么样子。

我的兴趣常常捉摸不定，兴趣来了读书的欲望便非常强烈，这个时候效果最好，记忆力和理解力都非常深刻。天文地理，文学历史我都有兴趣，先后读了许多相关方面的书籍，例如《史记》、《资治通鉴》、《唐诗三百首》、《宋词三百首》等。有人说读一本好书，就如同与一位伟大人做了一次交谈。这形容非常贴切，我们确实能够通过阅读，与古人隔空对话，体味作者、感受作者的心境。

也有些时候，读书的动力并非完全来自于兴趣。比如《红楼梦》，内容极为烦琐且深奥难懂，再加上后四十回的缺失，难以做到前后呼应，读起来云里雾里，实在很难读下去。后来在和老公的一次谈话中，他竟指红楼梦是本“淫书”，说贾宝玉整日厮混在女人堆里，能干出什么好事来呢？我竭力想要辩解，但终因没有认真读过，实在拿不出什么有力的证据来反驳，因而一气之下，便发狠一定要读懂《红楼梦》。这一读不要紧，竟一下子喜欢上了它，这才发现它的神奇之处，大概也只有《红楼梦》可以使人从小读到老，读数十遍而不厌烦，且在不同的人生阶段里，可以体味到不同人生感悟。然而不管读一本书的初衷是怎样的，动力是怎样的，最后收获的，往往是满满的惊喜。

如今我已身为人母，有了自己的儿子，令人欣慰的是，在我的影响下，儿子从小就养成了喜爱阅读的好习惯。有时候我们也会相互影响，比如他对恐龙产生了浓厚兴趣，我也因此喜欢上《进化论》，他对星空有探索的欲望，我也因此喜欢读与宇宙有关的书籍，在阅读的道路上，我们互为良师益友，相互引导，共同学习和进步，共同体味阅读带给我们的人生喜乐！

尽管我的人生没有太大的成就，但读书却给了我精彩的回馈，它开拓了我的视野，历练了我的人格，丰富了我的内心，塑造了我的人生观和价值观，使我明白了许多做人做事的道理，生活过得充实从容而有意义。回首人生路上的欢喜与忧伤，激动人心又嘈杂凌乱的阅读往事，成为我记忆里最为精彩的篇章，最为隽永难忘的美好回忆。我希望在未来的人生路上，能够伴随着我一直走下去的是——一路书香！

优秀奖

幸福家庭的读书生活

李　佳　黄骅港务公司

我从小就爱读书，但凡能够找到的书都如饥似渴地一口气读下去。最初接触的都是柜子里的小人书，尽管看不懂文字，却要将那文字上面黑白分明的连环画来来回回看上好几遍。小学识字不多时，便偷偷将父亲摆在柜子最里面的金庸、古龙的武侠小说捧起来似懂非懂地读了。

父亲也是爱书之人，常常有机会便带了我去新华书店。当年的新华书店还是高大上的存在，进到店里，安谧静好的书香中，常常让我流连忘返。《世界童话小金库》、《365 夜科幻故事》、《故事豆豆》，父亲带我去，从不曾空手而归，抱着沉甸甸的书，我如获至宝。及至搬了一回家，父亲找人做了高高大大的书柜，嵌了明亮的玻璃柜门，这些宝贝们才有了真正的归处，也真正开启了我的读书生涯。

说不清是爱上了读书还是迫不及待地要填满书柜上属于我的那一层，我张罗了许多看懂和看不懂的书，急切地读着一切能读的书。直到高中因为课程紧张，再无闲暇去翻开静静躺在书柜里的或巨著或杂谈。我的阅读生涯断断续续，直到进入象牙塔才得以重拾书卷。

今时今日，我初为人母，还来不及仔细回味女儿姗姗学步、牙牙学语，她已经到了读书的年龄。当然，女儿未满 3 岁，说“读书”也仅仅是“看书”而已。因为本人除了读书之外，还有一个爱好就是买书，所以仅仅两岁半的女儿已经拥有上百本书。所有拿出来读过的书她都能准确地说出名字，并且能自己读出里面大部分内容，一本正经的模样，好像她真的认识那些字似的，常常逗得我捧腹大笑。而看着女儿一脸有模有样，因为嘴里念的节奏与小小手指移动的节奏不同步，怎么也对不上字数时，就连一向严肃的丈夫都忍俊不禁了。

小小的娃娃常踮着脚尖伸手去比她还高的书架上够书，并能准确地拿出想要看的书，然后稚嫩的清脆嗓音就响起：妈妈你给我念念吧。

彼时我不免感慨，读书真的也算是一种本能和传承，这种本能是对未知世界的好奇和探索，它驱使着我们去认识这浩渺的时空和复杂的人生，层层叠叠地构筑我们的世界观和人生观，一步一步地走出自己的人生。

深究下来，阅读这一习惯的养成想必得益于时时萦绕的氛围。我对书的痴迷深得父亲的真传，而幼女对书本的热爱或许源于她身边环绕的形形色色的书籍。

一朝得女，生命仿佛又回到了初始，成长也因着生命的轮回，伴随着揪人心肺的哭声和纯净无瑕的笑颜再次席卷而来。忙忙乱乱的重新审视人生，迫使自己用孩子的角度去认识世界。跌跌撞撞的摸索中，书本仍然是我的精神导师，阅读使我获益匪浅。我通过阅读去重新学着包容，重新学怎样去爱。

记得尚在孕中时，读小巫的《让孩子做主》，当时有一种热血澎湃的感觉，觉得自己会成为最开明的母亲，并且用了大大的彩纸手绘了漂亮的字体，写了大大的“民主、开放、自由”的标语似的贴士，贴在正对着床的墙上，决心为我未出世的女儿营造自由开放民主的氛围，并严肃地跟丈夫探讨了家风的问题，让他务必释放一些过多的严肃，融合一些我的活泼，给我们未来的宝贝零压力。当时被他好一阵笑话，笑我这不是在迎接闺女，实在是改革旧制，彼时我恼羞成怒，很是愤愤不平。

而今我沾沾自喜于我的包容与爱的教育理念，落笔时才恍悟，这哪里是我自创的家风，正是因为我的父母亲给予了我的包容与爱，给予了我孜孜不倦地读书习惯，才有如今我给予丈夫和女儿的包容与爱，才赋予我家庭文化的积淀和修养，如今满满当当的幸福溢出，又何尝不是因我得到了足够的包容与爱？

幸福的家庭都是相似的，不幸的家庭却各有各的不幸。何谓幸福家庭？依我的浅见，幸福的家庭就是和谐的其乐融融，此和谐离不开爱和包容。而包容仅仅因为爱并不足以做到。阅读为我们带来的开阔视野和丰富知识才能够激发我们内心深处对不同和矛盾的包容。

幸福，当如是。

优秀奖

青灯有语　香茗待品

——读万卷书籍　体百味人生

汪利华　四川能源公司

薄烟水雾漫起，残花浅酒片时清。碌碌终日而行，转眼时光过隙，人生如戏。只想一盏青灯，一品香茗，香宵如此足矣。此心与谁寄，觅何人与我共品？

街头的霓虹闪烁，似在提醒着人们忙碌的一天即将结束，极速变幻的色彩跳动，标志着醉人的黄昏已经过去。此时，便是到了你我做出选择的时刻，是在好友的欢声笑语和酒杯的碰撞声中享受繁华都市夜生活的乐趣；还是静静坐在清静的书桌旁，点一盏青灯，捧一杯香茗，一览群书，醉于其中，或品评古往今来文人墨客的志趣心迹，抑或博览天下之事，让心灵飞跃在繁忙中难以置身的梦想之地？我，诚愿在这浓浓墨香中安静阅读，体会人生百味。

受家中小女的影响，于近期拜读了龙应台的《目送》一书。除了被开词中清新淡雅的文字吸引，时至中年的我对文中作者对家庭、工作、子女教育的关系的处理方式也是高度欣赏。此种恰到好处的处理，绝非将三者地位一分高下，一排前后，而是通过作者的努力使三者以一种微妙的方式和谐并存，鲜活地保留了人生三大要素的原本意义。

家庭于我，同广大女性朋友一样，都是极尽一生苦心追求和经营的温馨港湾。众观古今中外，家庭对于每个人而言都有着不可或缺、无可替代的重要意义。尤其是对于我们女性，家庭显得尤为重要。这里既是我们展示女性魅力的平台、展示伟大母爱的平台、展示家庭中心的平台，也是我们自己内心的最终归宿，是我们的精神的依托之处。家庭生活占据了女性生活中的一大部分。我们在家庭中须扮演好妻子、妈妈、女儿、儿媳的角色，同时又要协调好这些角色。调即调和，即是调和家庭气氛，调和家庭成员间的关系。协即协助，则是协助家庭成员和家庭向好的方面发展。而促成二者成功的最好方式，莫过于营造健康、舒适、良好的家庭氛围。例如营造书香家庭。试想一下，如果能通过我们的努力，让家庭成员抽出大家共有的闲暇时间专注于一本书籍，然后大家围坐一起，品一杯清茶，然后各自体会，相互交流感受，会是一件多么有意义的事情。这样既可以增进家庭成员之间的交流、沟通，表达出自己对某一事件的观点，也有利于陶冶各自的心性。同时通过这种方式让每个家庭成员都在这样的过程中养成良好的生活态度、健康的生活方式、有效的沟通方法和交流习惯，这个家庭怎么可能不越来越好？

人生的价值体现，则是在工作、社会中所做的贡献了。一个人的存在价值即是创造价值。如今，我们早已告别了“男主外、女主内”的年代，新时代的女性追求自信、自立、自强，在家庭、社会中努力寻求工作和生活的统一、各种角色的平衡，通过不断努力在家庭建设和社会建设中发挥着积极的作用，甚至从某种程度上来说，女性在一些特定种类的工作中反而具有先天的优势。例如，女性拥有的细腻、细致，可以让我们避免粗心大意，在工作中表现出全面、细致、严谨的特点。再例如，女性天生的感性思维能赋予我们丰富的语言文字能力，不过这也需要后天的阅读与写作的进一步培养才能发挥出更好的作用。在写作和表达上，女性往往棋高一着，能达到更好的效果。众所周知，女性往往具有敏锐的洞察力，通常能够最先感受到周遭环境和气氛的变化。女性特有的温婉在此刻就能发挥出莫大的优势，此时就需要我们把婉转的话语和恰当的表现方式结合起来，如果处理得当，或紧张或沉闷的气氛或许可以瞬间瓦解，工作、生活的环境重新变得和谐、美好。这就是女性在调解气氛和缓和关系中的独特作用。由此可见，不管是从工作的实践能力还是工作中的协调能力，女性都具有独特的优势。这时，我们要做的，就是要充分调动起自己的工作积极性，来进一步创造价值，从而实现人生的最大价值。

人总是在自己具有热情的事情中极尽表现自己的能力。譬如女性总是愿意在对自己子女的教育方面潜心钻研，无论付出多大的精力和代价也在所不惜。这也难怪，因为培养后代是人的本能。而作为孕育生命的母亲，面对承载自己满怀希望的下一代，当然更是希望把他们培育得更加优秀、更加出色。我也是如此，总是恨不得把自己知道的一切知识告诉她，把拥有的一切能力赋予她。可是，我渐渐发现，这种灌输与接收的教育方式并不适用于人生所有年龄段。当你的孩子尚不具备起码的辨别能力的时候，这种灌输式的教育是必要的，因为这时的他们就是一张白纸，若要被绚丽的色彩填满，必先经过基本的框架搭建。而当他们经过学习，具备一定的独立生活能力时，他们或许就不再适应这样的方式。这时，正如《目送》书中作者所说："你只是远远地看着，而他则用背影告诉你，不必追。"

也许人生本来就是这样，你只需在该完成某一件事的阶段做出自己最大的努力，而当它远去的时候，你不会也不能后悔。因为，过去的已经过去，它不会停止，不会穿越，不能回去，无法反悔。所以，你只需最大限度的做好今天，做好当下面对的每一件事情、每一个决定，用积极奉献实现自己的人生价值，然后用良好的状态去迎接同样美好或是充满坎坷的明天。当然，在你不断明白些许道理的时候，请别忘记指引你一生前进的导师——一切力量的源泉——书本。让我们学会在阅读中寻求人生的真谛。

Part 06

读书蕴家风

心潮随“家风”涌动

蒋　晶　乌海能源公司

家风家训是中华民族自古有之的传统，涉及修养、读书、为人处世诸多方面。无论是一个关键词，一句朴实的话语，还是一段带有温度的记忆，都是对家风故事的记载和诠释。

对于80后的我来说，如果不是参加了“征集家风家训”活动，我也许不会因长辈的只言片语，而去努力搜寻并挖掘那些传承着家庭精神的事迹及其内涵。

听三叔说，我的二爷爷是1945年春天参加八路军（后改编为中国人民解放军西北野战军、第一野战军）的，随军转战大西北，参加过沙家店、蟠龙、天水、兰州等战役，荣立过二等功、三等功。新中国成立后，在中国人民解放军天水高级步兵学校学习，毕业后，赴朝鲜参加了抗美援朝战争，历任班长、排长、连长、营长、团参谋长。归国后，来到北大荒垦荒，为了支援祖国大西北的建设，转业来到乌达矿区。1971年10月以前，一直从事矿区的教育事业，1984年以前从事人事劳资工作，因公于1984年5月与我二奶奶同时车祸遇难。

当我向母亲深入探寻这段没有记载的故事时，正值电视上插播纪念抗日战争胜利70周年宣传片——《一个老兵的故事》，妈妈的记忆之门也瞬间被打开：如果不发生意外，你二爷爷也会和电视上的老爷爷一样共享荣光。当年，你二爷爷15岁刚过就去当了兵，参加完抗美援朝战争后回家探亲，穿着一身人人羡慕的绿色军装，多年的军旅生涯和艰辛的战争生活历练出了真正男儿的雄心壮志和言谈举止的成熟，也就是在那个时候，你二爷爷认识了你二奶奶。你二奶奶家“成份”不好，那是个“唯成份论”的年代啊，对于在部队上发展的人来说，是会直接影响到政治前途的。当时，家里不是很同意，但你二爷爷还是执著地选择了真挚的爱情，两人书信往来，直至结婚。随着“四清”运动范围的扩大，周围的人都劝你二爷爷，“要认清形势，多为自己的前途考虑，趁现在没有孩子，两人又分居两地，赶紧与爱人‘划清界限’……”顶着众多的压力，错失了提拔的机会，甚至承受了改写命运的痛苦，你二爷爷信守了对家的承诺，坚守住了那个特殊历史年代里老实做人、踏实干事、信守承诺的底线，也传承下了“家”的真正精神和内涵，正如你叔叔婶婶们互相理解尊重、彼此包容体谅的扶携前行；亦如你大爹大妈相濡以沫、不离不弃、无怨无悔的付出和呵护。

“家风”真正传承得如何，要用“身教重于言传”的力量来体现，要用后辈个人成长、奋斗的历程来验证。

二爷爷、二奶奶离世时，其子（我的三叔）才读初中，可以说那是他人生中最艰难的日子，矿上每月给点生活费，他带着妹妹生活，日子过得紧巴巴的，一面打工挣钱求学，一面算计着日子怎么过，正是那段难忘的经历促使他真正懂得了生活。后来，他去了延安，在延安读完了初中高中，并于1988年7月考上了内蒙古经济管理干部学院，在呼和浩特市靠自己打工挣钱，完成了学业。大学毕业分配到苏海图洗煤厂工作，从车间的普通员工干起，一步一个脚印，从团委书记到科队党支部书记，从供应科长到纪检办主任，再到厂里的党工部长和现在的信访办副主任兼党支部委员。

受我二爷爷、二奶奶的影响，在参加工作的这20多年来，他先后在基层从事过机电设备检修、物资供应管理、煤质管理、工会、共青团、纪检、党务等工作，还利用工余时间自学充电，后续了本科学历，考取了经济师资格，结合所学知识编印理论资料数册，在国家二级刊物上发表论文3篇，以饱满的工作热情，扎实的工作作风，先后荣获21次各级先进个人和优秀党务工作者称号，2011 年被评为能源公司“创先争优十大标兵”，完成了在不同岗位上成才、成长的超越，赢得了领导及同志们一致的信任和好评。

生活的磨难让他失去过，也让他学会了“感恩”，懂得了“惜福”。尽管三叔的工作比较忙，但他在家中主动抢挑重担，任劳任怨。无论多忙多累都尽量抽出时间来陪岳父岳母和孩子。他对岳父岳母的孝顺是邻里皆知的。老岳父身体不是很好，经常需要住院治疗，遇到这种情况，三叔总是二话不说，安顿好孩子的饮食和学习后，夜夜陪护在老人身边。待老人病情稍有好转后，就帮着做复健，和老人唠家常，给老人讲故事、说笑话，逗得老人很是开心，使得老人逢人便夸自己有一个好儿子。一次次地，在艰难的境遇前，他总是用双手、肩膀的力量和百折不挠的勇气撑起了“勤勉读书、勤劳治家、勤奋创业”的人生舞台，点燃了自己和家人渐行渐亮的世界。

家风传承着，故事继续着，我的心潮随家风涌动……

家风：我的最美生命线

孙玉珍　乌海能源公司

儿子前几天正式18周岁了。

当天晚饭后，儿子突然对我和我的老公海斌说："爸妈，其实这18年来，我很感谢你们……"当时听得我心里一颤，虽然我脸上笑着嘴上故作轻松地说着："哎哟，父母对孩子的付出都是应该的，不用言谢……"但是心里真的好感动。他才18岁，还是个平时并不善言谈的男孩子，说出这样的话来，可见在他的心里一定是有数的。是他感动了我，于是，三天我44周岁生日那天中午，按捺不住思绪万千的我给75岁的母亲拨了一个电话："妈，其实这44年来，我特别感谢您但却一直没有说出口……"说着说着，我的眼泪止不住地往下流，电话两头的我和母亲都哽咽了，儿子的这句话在之后日子里曾多少次回响在我的耳边、回荡在我的心里，让有更加满怀自信地去工作，去面对一切困难，想起他和他的话，我就充满力量。

是啊，时光在忙忙碌碌、不知不觉中转眼就是几十年，看着现在走向领导岗位的自己，回想小时候的我，爱唱歌爱跳舞爱学习的"老疙瘩"（家中最小的叫老疙瘩），在父母的言传身教下、在哥哥姐姐的呵护下一点一点地长大。那时我眼中的父亲是那样伟岸，仿佛世界上的事情他都无所不能，其实今天看来，在孩子认为他无所不能的背后，掩藏着他无数的辛苦操劳，只是年幼的我并不知晓，而他也从不讲代价与条件地付出着，从来没能说过“我为了你们如何如何……”等类似的话语，因为，在父母的心里，对孩子的付出都是无条件的，只要孩子健康快乐，那就比什么都重要，只是奉献却从没有想过索取，是他们教会了我如何去爱孩子，以至于每当我脾气急躁想要发火时，我就提醒自己“别急，慢慢来，他还没有长大呢”，亲爱的爸爸妈妈，感谢你们教会我要“无条件地爱孩子”。

儿子是爱与善良的使者。记得父母年轻的时候（1960 年前后的困难时期，那时煤炭比商业情况要好），看着大伯的次子在兰州家中因为吃不饱饭，而连脖子也无力支起来的可怜样子，父亲义无反顾地用皮袄将他裹着抱回自己家里来足足养了 13 年。后来大伯家条件好了把孩子接走了，当时邻居们都以为那是母亲的亲生儿子呢。父母的这个事情一直影响着我们，“见到别人有困难要热心帮助，千万不要学会看不起人，尤其是对困难的人更要多帮忙”，于是，我把父母的传承用在岗位上，自从事工会工作以来，发动全厂爱心人士累计为弱势群体捐衣物 639 件，让爱与善良尽情播撒。儿子呢，开家长会老师的第一评价就是爱帮助人，与人为善，有一次放学回家晚了，原因是同学下楼梯崴脚了，只好打电话等他爸爸来接，冬季的下午，天已经黑了，儿子担心同学一个人在寂静的走廊里等家人来会难过，尤其是受伤了更是内心滋味不好受，于是，他主动留下来陪着同学度过了那段难过的时光，后来，他们成了好朋友。

儿子是信任的使者。好多家庭出现裂痕的起初原因是不信任，人们往往对陌生人能伸手相助，却对自家人设置了层层猜忌，宽以对外，严以对内。也许是家中子女多，顾不上疑虑就都长大了，总之，在我们的心里没觉得父母怀疑过我们什么。记得有一次，父亲出差带着母亲一起走了，把我们放心地交给了大姐，而大姐确实也是不负父母期望。是的，有了父母的信任，我们五个孩子健康快乐地成长，那时候虽然不富裕，但母亲靠着装砖的临时工工资和父亲的收入把我们一家七口的生活操持得也很好。现在的父母对孩子真是太撒不开了，担心孩子上网成瘾，担心孩子撒谎，我也有过这样的担心，但当有一天儿子说他去打篮球，而我也是路过去看了一下他真是在那快乐地打球和小伙伴玩耍，一次就足够了，对他的信任，他是当之无愧的。所以说，信任对一个孩子的成长是非常重要的。

儿子是我们鼓励收获的礼物。有时候想想，自己之所以从一个当年的皮带司机、筑路工、锅炉工成长为今年的一名管理者，真的是父母从小的鼓励起了非常大的作用。记得上小学时，爸爸在人前经常夸奖我“还没上多长时间学，奖品倒得了不少呢”，“这老疙瘩可能呢”，“画得真像”……夸得我不努力都不行，夸得我不努力都觉得对不起父母的鼓励。于是，一点点、一年年、一步步，我，成长了。而今天身为父母的我们，也传承了父母的教诲，当儿子稍有一点进步时，我们都及时地给予表扬鼓励，比如说“当年妈妈唱歌的时候全是凭的感觉，一点也没学过，就是图个红火热闹，可是，当你经过一年风雨无阻地跟着老师学习声乐，现在站在妈妈面前专注地给我唱歌时，我突然感觉你学声乐走过的这一段路真的挺难的，要恰如其分地把握好自己的嗓子发出那么动听的声音真是件不容易的事情，但是你用你的吃苦和专注精神达到了现在的水平真不简单，这种专注精神应对你今后人生路上的其他事情都不是问题，我真为你高兴”，听得儿子的腰板挺得直直的，我能感觉到他的力量更大了。夸奖但决不夸大事实，也绝不视而不见，我们将会继续用鼓励这支良剂，给我们的儿子注入力量，让他的生命健康向上。

儿子是勤俭节约的使者。看看现在的小皇帝小公主们被两代人含在嘴里怕化了的娇惯，我的儿子真是值得夸奖。记得小时候，母亲和父亲两个人共同努力养活我们五个孩子，日子过得也还比较富裕，但母亲却从不浪费，还时常跟我们念叨“浪费粮食有罪呢，老天爷都不会原谅的”。其实，她是在告诉孩子，粮食从农民耕地、锄草、播种、施肥、浇水到收获，这期间要付出多少辛苦，所以小时候，一到放暑假，母亲总是把我们送到乡下姑妈家，让我们也感受农民的不容易，从而珍惜自己的生活，懂得知足感恩。而我的儿子也许受我们的影响，给他钱让他自己去选衣服，其实我的心里默默地有一个给他的预算，只是没说出来，我让他自己也有个预算，买完回来后并没有达到我的预算，那么，我将我预算与他的预算之间多出来的依然给他，意思是省下来的依然还属于他。其实我始终觉得，时代无论发展到多么富有与进步，勤俭节约的良好风气不该丢弃，现在的社会这么好，应该好好珍惜，不应该铺张浪费瞎折腾，而应该把心思好好地放在多学习多修养身心上，以良好的素质面对生命中的每一天。

社会主义核心价值观所倡导的“爱国、敬业、诚信、友善”这8个字折射出国与家的息息相关，家是一个相互感激相互包容、相互扶持、相互陪伴的地方，一个好的家风能够成就一个人，一个好的家风是一个人的最美生命线，在我们日益富裕起来的今天，在我们的身体跟不上灵魂的今天，倡导好的家风真是泽被千秋的大好事，我会为世世代代好家风而努力，愿我们的国家强大人民和谐！我爱我家，我爱祖国。

优秀奖

亲爱的你，应该在阳光下绽放可爱的笑脸

杨海燕　神东集团

当清晨一抹阳光从窗缝中挤入眼帘，生物钟催促着人们从南柯梦中清醒过来，接受最现实的洗礼。站在镜前望那张渐失红润的渐增横纹的渐多愁思而日少欢颜的脸几多感慨在心而无处释然。

亲爱的你，是现实的种种冲垮了你乐观的堤岸；是眼前的种种迷失了你坚定的信念；是喧嚣浮躁使你心生困顿而无法排遣；是沟壑难填使你看不到坦途漫漫。当你踟蹰徘徊是因为你才疏学浅；当你埋怨不断是因为你阅历尚浅；当你与锅碗日日周旋与三毛五分连日抗战殊不知快乐，积极，乐观已与你无缘。

亲爱的你，是的，你拥有了足够走完这一生的谷粒粟麻，你拥有了曾经海誓山盟如今的日夜陪伴，你拥有了爱的共同体生命的延续后为何还不见你绽露你可爱的笑脸？这时，请你翻阅，在阅读中忘却整日单调琐碎带来的挫败感，在阅读中结束自己由来已久的目光短浅。改变，从手中持有的精神食粮中找到承载人生容量的短板。找到欠缺和遗憾加以弥补后到达幸福的彼岸。改变，让自己的人生从此绚烂。

亲爱的你，应该在阳光下绽放可爱的笑脸，如情趣高雅的文竹，如气质不凡的牡丹，如热情奔放的玫瑰，魅力四射的马蹄莲。请你捧起手中的书卷，徜徉在静谧安逸的瞬间，它是阳光，请你在阳光下将寒冷，黑暗忘

却。它是源泉，请在其中尽情挖掘。

亲爱的你，是否生活掰折了你的果敢，那么请你热爱书卷，因为它可以使你无畏，勇敢直面最真实的判断。它如血液般稀有不凡，如果缺少它生命将要衰竭。

亲爱的你，是否激烈的竞争，沉重的压力，不理解，被排斥让你心生烦乱故此裹足不前，那么请你阅读，因为阅读可以让你远离物化了的世界，带你感受超越文字的广阔空间。

亲爱的你，应该在阳光下绽放可爱的笑脸，因为无论家藏诗书还是窖藏老酒，无论是古韵京腔还是真草录篆，无论是轩辕古藤还是华夏新枝，无论败家经典还是大众俗语，没有阅读便没有睿智隽永，没有深邃绵延，没有长袖阔谈。

亲爱的你，请手持书卷，让灵魂游离于字里行间，因为这样就可以让你透过窗户感受到外面的世界。这样的你应该是幸福的，幸福的让花儿都为之汗颜。

亲爱的，请高举手中的书卷，感谢它给你的盛宴，让你收获快乐、知足、乐观、自信、忘却烦恼、贪得无厌、悲观、自轻自贱。所以，亲爱的，请你手持书卷，站在阳光下绽放可爱的笑脸。

优秀奖

读书蕴家风

刘凤敏　国华电力公司

古时中国人聚族而居，人口众多，重视家风世泽，能够团结人心，形成良好的家族风气。人们一方面强调继承，向高贤大德学习，保持德行不坠；另一方面努力做好自己，成为新一代的典范。风，取的是“上以风化下、下以风讽上”的意义，即人们以高尚的德行影响教化别人，他人也以此严格自律。将家风归炼成文字，则成家训。

听父亲讲，我的祖上是以武立身建业，曾祖传善使大刀，在清末曾中过武举。但我家的家训却是重文轻武，以文开户。虽时光荏苒，家训几经更迭变化，但始终围绕着两字而立，那就是“读”与“善”。从最开始的“黄金非宝书为宝，万事皆空善不空”到后来的“欲高门第须为善，要好儿孙必读书”，到现在连我的女儿也烂熟于心的“传家两字读与善，兴家两字俭与勤”（家训中一直没有提及“孝”字，那是因为自祖至今，所有族人都将孝顺作为最基本的行为准则和做人底线，因此在这里只字片语带过，不再赘述）。

也许有人会问，读书与家风家训有必然联系吗？我个人也觉得应该没有，因为家风家训因家而异——不排除有无关读书而充满“正能量”的家风家训。但我想，如果没有书或读书“参与”的家风家训，其“质地”或“成色”应该是会要打些折扣的，特别是在书已极大普及的今天。

“格物、致知、诚意、正心、修身、齐家、治国、平天下”，出自古代四书之一的《大学》，这是我们众所周知的典型“成功人生”环节。齐家，是健康正义家风的果；这个果直接来自于“修身”，而“修身”离不开以读书为基本获取途径的前四项，即“格物、致知、诚意、正心”。这个修身，不是或不只是“一家之主”的修身，而是包括男女老幼的全家人的修身——最终在人生观、价值观上形成共识，也即家风家训。孔子曰“吾十有五而志于学，三十而立”，其“立”自立，其“立”亦家立。

在四世同“堂”比较寻常的今天，几代十几、几十口人一起生活在一个屋檐下的情况几乎没有，更多的是三口之家，也或有些“二二一型”家庭。我们有渊源、可传承、全面完整、能够落实到纸上的家风已不多见——比如家谱。而对于小而新的家庭，其家风家训需要从头做起。我现在与丈夫和女儿一起生活，是典型的三口之家，但令我欣喜的是我家的家训已立，我的女儿从小就受到了这方面的熏陶和教育。尤其是在读书方面，我和我的丈夫在潜移默化中，有意识的影响和培养着她的阅读习惯。例如，我和丈夫从小到大，带她去的最多的地方就是图书馆，不仅是北京地区和国内其他省市的，去国外旅游也是如此，每有书市或书展，我们必是座上客，我家最大的消费支出就是购买书籍。而每当购买一批图书，我们一家三口就会第一时间将每一本书包上书皮，并在书内放入一个书签，上面注明书籍购于何地何时，有时候还会写上购买原因。而在书的扉页，我们会按照家族惯例，手书庾信的这首《哀江南赋》中的十八真意“潘岳之文采，始述家风；陆机之辞赋，先陈世德。”而后，一杯清茶，共同畅游书海。

当代著名作家梁晓声曾说过：“最好的家风，一定是有读书传统的家风，然后诚实、善良、正直等精神品格，会逐渐成为一个家庭的自觉。”书籍于人类而言，是古老而亲密的存在。当一个家庭有了新生命诞生，当孩子第一次触摸书页，第一次看到父母有一种姿势叫作“阅读”，对书籍的敬畏感与亲和力便会慢慢产生。反之，如果孩子只能看到父母拿着手机或对着电脑的画面，他们便不会知道书页里究竟描绘了些什么，理性与感性思维的脑区塑造，也会因此而变得不完整。”对此，我深以为然。但是现在，就我所知，有很多家庭几乎不读书，更不会买书，许多新装修的家庭，徒有一架书橱，但确几乎空空如也。《颜氏家训·勉学》中提及“若能常保数百卷，千载终不为小人”，此言虽重矣，但家无书，家何风？

我至今还记得，我女儿在16岁那年，在看完《钢铁是怎样炼成的》这本书，久久地凝视着我家的书架藏书之后对我说的那一句话：“妈妈，我终于理解保尔·柯察金看到冬妮娅家里书架时的心情了，因为就是那样两块破旧的木板，却架起了一个无比伟大的世界。”

我听后，泪流满面。

我的女儿已经领悟了读书的意义，进而认知深远。书架，才是一个家庭最好的不动产。

何谓家风？如何立家训？唯言传身教尔。在那一刻，我为我的女儿骄傲，也为自己自豪。因为我自己做到了，我的女儿也做到了。我相信，我的女儿也会将此家风延续下去，始终不渝。

优秀奖

诗和远方

徐鑫炎　神皖公司

生活不止眼前的纷扰，还有诗和远方。

——题记

在我还不认字的时候，母亲就教我背诗。那时候摇头晃脑的死记硬背着，虽然不懂其意，也不明其境，但一张白纸的我，很容易记下那些流传广泛的诗句。虽然现在诗词仿佛离我们的生活越来越远了，但我还是庆幸我生命里第一笔被画上的是千年前的斑斓色彩。

小的时候，虽然很多东西都不明白，但背的那些诗词，如同看不懂的画，一幅幅存在心里。而多年后的某个时刻，某个场景，纷纷扬扬间，一句早已烂熟于心的诗句忽然直击你的心灵。

春天，当看到盛开的桃花，就明白了什么是“桃之夭夭，灼灼其华”；夏天，漾舟在湖中，顿悟了为什么是“莲叶何田田”，什么是“水光潋滟晴方好”；秋天，看过了天高云淡，凉风乍起，梧叶枯黄，知道了什么是“老树呈秋色”，什么是“苒苒物华休”；冬天，感受了西风凛冽，看到了漫雪封山，就懂了什么是“青海长云暗雪山，孤城遥望玉门关”。

随着我们的成长和时间的推移，我们去了远方，见到了不同的人，不同的风景。有一天，我们遇到了某个风景，某种心情，就忽然明白了那首诗，那句词，那幅画。这种感觉，是穿越千年的心意相通。我们终懂得了诗人“伫倚危楼风细细”的忧愁，也懂得了“鲜衣怒马少年时”的狂傲。渐渐地，我们读懂了诗人的欢喜，他们的诗词也承载着我们的哀愁。

人长大以后会遇到更宏大的场景，读到更深邃并反复修饰过的诗。有一天我们会用“林卧愁春尽，开轩览物华”来替换“春眠不觉晓，处处闻啼鸟”；用“此夜曲中闻折柳，何人不起故园情”来感慨“举头望明月，低头思故乡”；也会用“人道海水深，不抵相思半”来平添“一日不见，如三秋兮”的情思。幼时的背诵多是简单通俗的诗句，然而成年以后的复杂与精致，却无法替代当年的纯粹与情深。其实我仍愿像当年看书中配图去理解个中情意那样，回退这个进程，将这些冗长的意思，复原为当年一首简单的诗。

诗不应该离我们远去，它们的存在是古人活过的证据，是生命烈烈燃烧后留下的痕迹。曾经的我们不太理解诗歌的意思，现在的我们也忽略了诗歌存在的意义。太多的网络用语充斥着我们的生活，我们脱口而出的更多的是流行词汇，诗词似乎被束之高阁。诗词不应该仅是考查学生记忆能力的工具，更不应该是朋友圈里悲秋伤春的无病呻吟。古人的精神世界——诗词歌赋，应该被传承下去。我希望未来我的孩子能够用诗来学说话，并不是希望他成为文人墨客，也不是希望他在高考语文中拿满分。而是，希望他未来长大后每一次旅行，都像是故地重游。

经历了远方才发现，所有的古诗词，无论是生吞硬咽还是全心全意背诵的，都已经携带着作者创作时的那一刻深情，在我们此后漫长的一生中草蛇灰线、伏脉千里。

Part 07
五月槐花香

一等奖

五月槐花香

孙永存　包神铁路集团

我和母亲不见已有数月之久，近些日子颇是想念。

前些时日，她托村里人捎信来，说家中槐花已开，硬要我抽空儿回去一趟，尝尝她亲手做槐花饭。听罢，我心里顿时涌起一股热浪。槐花饭是我小时候最喜欢的农乡野饭，那时人穷，人们千方百计寻找吃的，各种野菜野花均被当作饭菜下锅，而槐花饭就产生于这样的条件下。可惜这些年因为工作距离及性质的原因，我一直没有机会再亲口尝尝母亲做的槐花饭。

而今，每次在和母亲坐下来闲谈之际，她总会笑着安慰：“别急，有的是机会，等来年槐花开，我再捎信给你。”可谁知，她这一等竟是6年，期间还不忘年年告知我。

母亲出生在青海深处的偏僻山村，那时农村经济还比较落后，能解决好温饱，便是平常人家所期望过的好日子。我只记得，母亲用一块破旧花布将我裹至背后一边哼小曲，一边走在深可没人的树林荒草间摘槐花的情景，这也是生活留给我对于母的亲最初印象。站在高可参天的槐树前，这个平日里要强的女人便一下子显得瘦弱矮小得厉害。她将锄头猛地勾向张牙舞爪的树枝，一串串饱满的花瓣儿便尽揽怀中，有时还需上树，可她却从不示弱。

母亲喜欢槐花香，故每次采摘时她都会习惯地凑近槐花闻上一闻，让花香和风声夹杂着汗水融入她的笑容。她还要把一串花紧贴在我鼻口间，说这样我们母女就能同享这份来自自然的独特欢乐。

正是这有声、有色、有味、有形的生活片段组成了我人生记忆的起点。感谢母亲在我人生之初，便与我一起分享来自人间的淳朴和善良。每年五月花开，我喜欢在这长有槐林的土地上，独自走进花香四溢的槐花中寻找过去的一切。那时母亲便背着那个孩提的我从风中走来，她的花布衫随风而起，歌声在嘴角上扬，仿佛这样的画面永远不会从我眼前消失。后来我便是在这些有形与无形的事物之间做人学事，更为可贵的是这一切都作为我后来人生路上必不可少的东西，而时时发挥巨大作用。

母亲是个没文化的人，能认识的字并不多，可在那苦难的岁月里，这个连初小都不曾毕业的女人却受尽人世苦与累。那时家家户户都面临吃不饱肚子的光景，人们都会为粮食紧缩眉头。她和其他女人一起上山、下河、挖菜、摸鱼、挑大粪……凡是能干的活她均不会错过，能下锅的菜野她均会尝遍，有时还会为所食东西不对而染上病痛，但这一切并不能使她止步屈服。她总会说："苦日子把人作践惯了，能干一点是一点。"

在我记忆当中，母亲似乎从不曾向过任何人事示弱，她是个犟人。而这种在外人看来男人般的品性也深深地感染着我。生于大山便得依靠耕种糊口过日子，这种基本的生存法则对于半贫半弱的人家亦不例外。忙时种好庄稼，闲时做些零工，只要是能干得动的活计，母亲便从来不愿放过。而我至今无法忘记的是，有一次当她一瘸一拐地从工地回来时，已经半夜，一只脚上裹着厚厚的毛巾，我被吓得眼泪止不住往下跌落，她看见后大声吼道："哭什么，哭什么啊！"她的两眼睛瞪的如同铜铃，然后还自语些野话，我即刻被镇住了，是呀！我怎会流泪？可是，谁又怎会不为此而流泪呢？

她咬紧牙关，解开毛巾，脚背早已被干涩血块染满。原来是在搬运中被砖头砸破脚背血管，鲜血喷射，可是她只是抓起一把黄土便往伤口上压……

虽已事过多年，可我依然能想起母亲当时痛苦的表情，即便如此，她亦不会让他人看见。为了生活，任何苦痛她都可以忍受。

在村里，母亲是相邻称赞的贤惠人，所有妇人该会的活计她都会，所有男人能干的体力活她也不落后。那双如今已长满老茧的巧手，不仅可以洗刷缝补，还可做出各类美味。在那个年代，若有亲朋来临，她便舍得将仅有的稀罕物给人家做成可口饭菜。村里有任何忙事，她都不会视而不见，然而从她身上人们所能看到的，永远是打满补丁的粗布花衣和漏洞百出的一双布鞋子。母亲常教育我们，做人一辈子，吃点苦与亏无妨，但一定要讲良心，这样即使去了也心安理得。虽然不懂半点文化，讲不出任何大道理，可是她的话却如针似刺，句句能扎中要害，即便在当时不能完全理解，可是却成为我为人处事一个重要的准则。

这次恰逢五月槐花开，接到母亲来信时，我心已如插上翅膀瞬间回到乡间。到家已是晚上 9 点，站在安静的庭院里，月色中我仔细打量着几个月来家的变化，生怕错过任一处地方。夜里依然有蛐蛐叫唤，有邻家犬吠，还有稀稀拉拉的行人脚步声以及呼啦啦的风声，这一切均和过去无所差异，只是瓦屋上茅草多添了一份，路旁小树已高过房顶五米有余。而我的母亲呢，她该是何样，我在心里暗暗想着。

听我呼喊，母亲便立即回应，屋里的灯也瞬间亮起来。从小到大，每次进家门先唤母亲，这种由来已久的方式至今依然常伴于我。若是哪天不能听到母亲应答，我便会四处寻找，房前屋后，牛槽马圈，能到的地方必找一遍，直至她的声音出现，我紧张的心方能放下。

“是女儿回来了！”母亲边念叨边开门。平日言语不多的她此刻高兴又激动。我与母亲拉话直至深夜，这也是几年来第一次如此之长的母女对话。谁家人结亲，哪个人已过世，这些平时里的乡村琐事母亲皆一一向我描诉，而我也可从母亲话语中得知近些日子发生在村里的新鲜事。母亲竟像孩子，表情随所谈内容时时变化，在她内心，似乎早已为我贮存了许多故事。

母亲是喜欢看我吃饭样子的。白日里，她把已经做好多日的槐花饭重新翻热，炒上给我。我说：“妈，你也吃。”母亲便笑着说：“妈不吃，妈要想吃，山上槐花多着哩。”然后，她便看着我吃完为止。她两手托着下巴，年轻时代的容貌已经完全不知去向，曾经白皙的手指皆为粗皮死茧环绕，额头皱纹也被时时飘动的白发隐隐遮掩。后来我便在心里暗自发问，难道母亲真的老了，眼前这个带着微笑的将老之人就是我曾经漂亮善良的母亲？

我的故乡两边皆为高大而壁立的群山所环绕，入春时节，全为墨黛色，到了五月，各类野草野花竞相开放，从浅黄色到深红色，冬的沉寂全然消失。傍晚，我与母亲便行走于山下小路，风微微吹来，掀起她的衣角，她轻轻地用指尖将头发划过耳边，这些熟悉的举动使我瞬间想起年轻时的母亲。

龙应台说过：所谓父母子女一场，只不过意味着，你和她的缘分就是今生今世不断地目送她的背影渐行渐远。你站立在小路的这一端，看着她逐渐消失在小路转弯的地方，而且，她用背影默默告诉你，不必追。

母亲习惯走在后面，这个女人要强一辈子，却始终都跟在父亲后面，和我一起依然如此，而我却喜欢和她并肩而行，这样我们母女的心与步便永远都相近而平行，谁也不必去追赶谁。

农村夜里并不如城市美，更无灯火辉煌，却独有一份宁静和安逸。

我和母亲在这条安静且短短的路上默默行走，而这条路见证了一个孩子的成长，同样见证人了一个女人的衰老。

我的母亲，在这条路上走了一辈子。

临别时，母亲为市集上一件花格子上衣犯愁，我说买，她觉得贵，等我买后她笑了又即刻拉下脸。

难道一个女人苦了自己一辈子，如今还要再继续苦下去？显然这是不应该的。虽然我们羞于说出对于母亲的爱，可是我们有能力做出让自己不后悔莫及的事情。

正如有些人说的：不要总把好东西留到特别的日子才用，你活着的每一天都是特别的日子，你该尽情地跳舞。

母亲将我拉扯长大，无怨无悔。今生，我愿为牛做马，让她安享人间清福。

一等奖

婆婆来了

梁小燕　神东集团

结婚近4年，因和老公一起在矿区上班居住，住在伊旗的婆婆却因这仅仅几十公里的距离似乎也变得陌生起来。这份陌生一直持续到2014年9月，终于被我怀孕的事实打破。

听说我怀孕，婆婆第一时间来了！带着家中可以带的锅碗瓢盆，带着猪牛羊肉，带着她自认为很不错的厨艺，走进了我们的二人世界。每天开始洗衣做饭，照顾我的生活起居，而我却不以为然，认为她一心只想抱个大胖孙子。一天，婆婆满怀热情地将做好的羊肉饺子谎称为猪肉饺子，让平时不吃羊肉的我多吃一点。可一下口，口味敏锐的我就知道了其中的“猫腻”，我不愿再多吃一口，甚至发脾气说：“你们不知道我不吃羊肉吗?”婆婆赶忙说：“我是想让你补充点营养，算了，你等等我再给你弄点猪肉饺子。”一时赌气的我，夺门而出，口里还念叨着：“不吃了，不吃了，出去买吃的。”

几天之后，我又发现婆婆将我扔在柜子底部的手机套找了出来，给我套在了手机上。此事让我很不满，我认为她在偷窥我的隐私，私自翻动了我的柜子，我很是郁闷，几次和老公提及此事，老公都百般开解。

不久之后，我发现婆婆来了之后，将家里的家具摆设也变了样，她还骄傲地说：“看这样多好，一段时间换个家具摆的方式，家里就跟新的一样，心情也好了。”

婆婆来了，打破了我们的二人世界，打破了我原有的生活方式，这一切的改变让我接受不了。我试图找各种借口让她回去，纵使我有千般借口，她都一个理由：“这是首胎可得重视了，得吃好喝好，你才能生下健康的宝宝，万一宝宝有个什么病，你这一辈子都得受罪。”

没法劝婆婆回去，满肚子“苦水”我只能找单位的闺蜜说。听了我自认为种种的“不幸”后，闺蜜们嘴巴大张，眼睛放光，用羡慕的口吻说：“你就知足吧，你一怀孕婆婆就来伺候你了，我们生下娃娃婆婆都不来看……”觉得闺蜜们不能给我解决烦恼，我只能回去。刚打开电脑，就收到了姐姐的QQ 信息说“想要辞职”。追问原因，原来是她的婆婆不想给她看孩子了，她得辞掉工作自己看。心中顿时不快，给姐姐支了几招出了几个点子后，打开了神东网络电视，正好在播放传统美德故事《邹英引过》。故事讲述了邹英的嫂子荆氏过门后，处处受到恶婆婆的指责，作为小姑子的邹英处处又维护着嫂子，让母亲以亲女儿来对待荆氏，而作为当事人的荆氏也从未放弃，尽管婆婆百般刁难总是对婆婆毕恭毕敬，婆婆终于被感动，此后全家和和美美地过着幸福的小日子。

看完了故事，我突然想起了自己的婆婆。婆婆因为要照顾我，还要照顾自己 80 多岁的老母亲，不辞辛劳地在矿区 - 伊旗 - 康巴什之间来回跑。一个月前回到康巴什家中，几个柜子里堆满了孩子的各种用品，其中的一些被褥将近有 10 床，大大小小的，足够孩子用到 10 岁。还有一部分用品是我的，也收拾好放在了皮箱里。后来得知，这些东西一部分是婆婆亲自缝的，还有一部分婆婆怕我不满意而去商场买的。而那部分缝的，是她晚上闲下来的时候赶时间做好的。突然想起婆婆眼睛不好，我不知道这些东西，是她在多少个夜里，穿了多少次针，才将它们缝好……

听到看到这些，心被触动了。平日里，婆婆虽然嗓门大，话又比较多，又爱多管闲事，但她最大的优点是会爱屋及乌。她因为爱自己的儿子而更爱我。终于，等到了宝宝降生，婆婆再一次忙前忙后，又要照顾娃娃，又要照顾我，尽管家中有月嫂，可婆婆依然不放心，担心月嫂不懂当地的习俗，将我照顾不好。一天，婆婆不知道从哪弄来了艾草以及一些我不知道名的草，熬煮了一下午，将我全身擦洗了几遍，边擦边念叨着："这样洗洗就好了，不招风，月子里落不下病，还有一些草，我每天给你洗……"月子里，内衣脏的很快，不想让家里的人洗，多数时候我就穿一次性的。婆婆知道后，赶忙给我脱掉，说那些衣服不透气，穿上对身体不好，坚持每天给我洗内衣。如今，孩子已经11个多月了，都是婆婆一手带着，由于是男孩，孩子虽然很小却很淘气，每天中午下班回家后，婆婆不顾一天的劳累，总是让我和老公赶紧睡午觉，她自己一个人带着孩子玩。婆婆总是开玩笑地说："当初，我听见你给宝宝起的名字叫云朵，我想肯定是个女孩，也没敢问你们，怕你有负担，其实我们都想要一个男孩，不过要是女孩也亲，都是自己的么，我也是有福气的人！"

很久以前看过一部韩剧叫《松药店的儿子们》，影片中女主公的婆婆一直表面对她很严厉，直到婆婆去世的那一刻，她发出了这样的感慨："这个女人从来没有生过我，也没有养过我，就因为一个共同爱着的男人，我叫了她40多年的妈妈，今天她突然走了，我心里却是如此的难过。"我们每个女人都会经历这样的事情，因为自己的丈夫，突然闯入一个陌生的家庭，一个本来和你没有一点血缘关系的女人，甚至在你前几十年的生活中都没有出现的女人，没有生过你、没有养过你、而你因为有了丈夫，多出了这样一个"陌生的妈"，她的代名词叫"婆婆"。

如今，我的婆婆来了，她带着对媳妇特别的爱来到了我心中！

三等奖

孩子　你慢慢读

——致我亲爱的小鼹鼠

马　磊　神宁集团

张毛豆先生，我们今天来谈一谈读书这个话题可好？

说起读书，你的爸爸一定会给你讲一个笑话，那个关于胎教时期选书读的笑话。当时的我，坚信腹中的你是一个小姑娘，因此在阅读各类胎教图书的同时，我忍着牙酸把自己“年轻时”错过的大部分言情小说都补读了一遍，只喜欢三毛和张爱玲的我，读琼瑶、读亦舒、读席娟、读张小娴、读张曼娟，诵东坡的时候一定要顺便看看李清照，就希望你能在独立自强的同时，沾染上些温柔和婉的气质，不要像我，十足的“女汉子”气。结果……先生，你让我很失望……

不知道你记不记得你出生第八天，我们俩刚刚回到家的时候，我给你读过一段《西游记》的第一回“灵根育孕源流出，心性修持大道生”，我期待你能够如猴子一般顽劣，让我的“教育方法”得以发挥。很可惜，你听了一点就睡着了……

好吧，你没有天赋，注定不可能成为5岁背论语6岁读史记的天才儿童，那么我们就按部就班从绘本读起吧。

你接触的第一套绘本是每本都薄薄的缩写童话，简单的文字，稚嫩的图片。3个月的你会挥舞着手指挥我挑中你想听的故事念给你，你滴着口水听《三只小猪》、《渔夫和金鱼》还有《布莱梅镇的音乐家》，后来这 3 本书成为你 2 岁跟我玩角色扮演时，最喜欢的“剧本”。

关于给你读书，我被嘲笑过很久，很多人质疑我这么早就给你读书实在是有点拔苗助长了，更多人说我从几个月就给你读书是对你的压迫，他们觉得我应该让你自由自在地玩……我想你可能不明白他们想表达的意思吧，因为在我的印象里，你大概从来就没有把读书这件事当作压力——当然，现在你只有 3 岁，但是我不妨预言，读书，终究会成为你的一个重要爱好。

因为你喜欢读书呀，因为妈妈也喜欢读书，因为爸爸也喜欢读书。每个准妈妈都会晒一晒自己为迎接宝宝做了哪些准备，有人晒出了松软的纱布尿布，有人晒出了宽敞的大屋大车，有人晒出了足够宝宝用到大学的教育经费……我，为了顺利晋级“妈妈”这一光荣的职称，在补小说之余努力的用知识武装自己，从蒙特梭利到六六、到艾米、到龙应台、到汪培珽，再到艾瑞克·卡尔、到比尔·马丁……这一年我共阅读国内外亲子教育类书籍 68 本书，可不算杂志哦，摞起来比刚出生的你还足足高出两尺。我生怕自己哪里没有准备好影响了你的自由发挥，很欣慰，我照着书养，你就照着书长，你的一切问题都能从书里找到答案，我就是从书里知道，其实你可以爱读书，只要我爱读。

一岁刚过，你在会叫爸爸妈妈之后的某一天，神奇地说出一句“妈妈不要抢毛豆圈圈吃”，听得路人十分惊诧。紧接着你就更神奇地会用“果然、如果、但是、后来、结果”以及“令人十分震惊”等一系列令人十分震惊的词汇了。我想这与书读得多分不开吧。

我们帮你读过的书的内容，你“过目不忘”地记住了，偶尔便会用上那么一两句，在你一岁八个月的时候，你翻着你的《噼里啪啦》，第一次给我读了一本书。按照培养速记天才的原理，我可以每天给你读一个故事，第二天让你完整地复述给我听了。但是我没有这么做，我希望你能够不带任何负担地读书，读你自己想读的书——好吧，应该是选你自己想让我们给你读的书。

渐渐地，你的确有了自己的选择和喜好，你让姥姥给你读各种书，唯独《小熊和最好的爸爸》一套只让爸爸给你读，而需要天马行空胡编乱造，每次内容都不一样的《小老鼠无字书》，则要我逐页编给你。你开始学着书中的人物告诉我们“要管理好自己的小情绪，不可以大声嚷嚷”，“《儿童安全第一宝典》上说，你这样的动作是非常危险的！”“大卫，不可以！大卫的爸爸当然也不可以，所以我的爸爸也不可以不洗洗干净！”你开始试着深层次地理解这个世界。

李欧·李奥尼是一个颇有哲学色彩的绘本大师，你的第一个哲学观点就来自于他。你问我“像《鱼就是鱼》里面那样，鱼只能是鱼吗？”我记得我说“从表面上看，鱼只能是鱼，因为它不能去整容变成青蛙啊！”你说“整容是变魔术吗？”我说“差不多，就是改变外形。”你又说“要是有一个特别好的整容魔术，鱼是不是就变成青蛙呢？”我只好说“嗯，从外形上说是这样的。”每想到你说“外形上是，其实也不是，对吧。”我发自肺腑地问“为什么呢？”你骄傲地说“因为啊，鱼就是鱼！”亲爱的，那时候你差几天才3岁，我觉得我快要回答不了你的问题了，于是我赶紧去翻周国平。

平易近人的哲学家说“孩子都是哲学家，应该是我们向他们学！我深信儿童与哲学之间有着天然的亲和性，和大多数成人相比，孩子离哲学要近得多。”好吧，看来，我要学习的更多，读更多的书，走更多的路，才能保证跟得上你成长的脚步。

你不爱听《笠翁对韵》，但我却喜欢诵读，后来在你自己编的儿歌里，你无师自通地押着韵；你听不懂《论语》，但我偶尔会念叨两句，后来有一天你举着勺子跟我说，“给你一瓢饮”；你不乐意看《国家地理》，但地图册总是花花绿绿打开着，后来你指着天气预报上的底图，让姥姥告诉你哪里是巴黎……

我亲爱的张毛豆，或者有一天，你能够从书里看到一个更广阔的世界；或者有一天，你能够从书里养出一个博大的胸怀；或者有一天，你不用成名也不用有大成就，只是乐意在任意的时刻，静静地坐下来，读上一会儿书。其实那就是一件很好的事情啊！

我亲爱的张毛豆，你的大名叫张砚舒，因为“古砚微凹聚墨多”这句俗俗的诗很浅显易懂，俗一点其实也很好；因为“漫随天外云卷云舒”这句懒懒的话，很淡定、很散漫，所以慢慢来不一定是坏事。亲爱的，让我们一起慢慢成长，慢慢读书。

妈妈的故事

张雅杰　销售集团

小时候，最快乐的事情是听妈妈读故事。
夏天的晚风伴着禅鸣声环绕在耳边，
入夏的夜晚，沁心的凉爽。
妈妈在静谧的夏夜晚轻声读出的睡前故事。
时间太久，故事太长，小小的故事书如同通向浩瀚星空的阶梯。
常常听着妈妈的故事入眠，朦胧双眼，遨游在深邃神秘的星空。

（沙画绘图：小时候，听妈妈的故事）

渐渐长大，最快乐的事情是妈妈带我去买书。
记忆中妈妈拉着我的小手，带我去书店选书。
踮起脚尖，挑选三五本心爱的图书，点亮了小时候的完美周末，
曾经的“妈妈的故事”变成书桌前的一摞摞色彩缤纷的书籍。

书里的故事如同天边变幻多彩的云朵，时而晴空、时而阴雨。
妈妈的关爱与呵护好像星光里穿行的明月，照亮了成长道路的方向。
童年的故事，如天空中温润的细雨，伴随着我的梦想长大。
滋养在纯真的心田，在梦田里播种希望。

（沙画绘图：播种知识的春芽）

在求学的日子里，最快乐的事情是在书中遥看世界、展望未来。
坐在窗前读书，听鸟儿的歌唱。
书脚的蝴蝶飞进书海的秘密花园，
一只只翱翔的海鸥溅起字里行间的浪花。

划起书的小船，飘荡进知识的海洋，

撑起远行的航帆，迎风破浪去看宽广的世界。

（沙画绘图：窗前读书的时光）

走进大学校园，最快乐的事情是去图书馆借阅图书。

校园的图书馆，是最为宁静和神秘的地方，她优雅温柔地看四季变幻。

她像一位母亲，在校园的溪水一旁，看莘莘学子成长，看繁花落叶更替。

接纳来自五湖四海的孩子，吸纳涵盖天地万物的书籍。

在这里，可以跨越银河去了解时间简史，

可以纵横古今去感知历史的悲喜。

在这里，找到了诗意的栖居，

如孩子般对世界充满好奇，

对万物满怀敬畏。

曾经划起的书本的小船，变成如今知识的航船。
乘风破浪驶入万里海域，迎风展航探索明天。

（沙画绘图：扬起知识的风帆）

工作了，最快乐的事情是有时间读一本好书。
从书中获取思路，以最佳状态应对挑战。
从书中汲取营养，以最好心态迎接未来。
与书为伴的生活，充盈着质朴与纯粹。
与书为友的天天，充满着乐趣与欢笑。

清风吹拂起书页，飞入童年时的星海。
月光潋滟荡湖光，荡漾起纯真的欢笑。
穿行在浩瀚星空，遇见心灵相惜的你。
我们在一起读书行走、一起编织未来，
去领略宇宙的神奇，珍惜相遇的奇妙。

（沙画绘图：漫游书海的奇妙）

新生命的出现，最快乐的事情是给你读童话故事。
想起妈妈给我读故事的画面，
温馨而充满亲切感。
重读妈妈的故事，
宛如妈妈当年读故事的姿态。

如溪水蜿蜒，滋润土壤，
如晨光闪耀，点亮晨空。
如微风轻拂，吹散烟云。
如飞鸟鸣叫，编织天籁。

（沙画绘图：重读“妈妈的故事”）

这是一本本读不尽的爱的故事，
蕴含了一段段暖人心扉的母爱，
包裹了一缕缕氤氲缭绕的书香。
收录了一曲曲世代传承的赞歌。

宝贝 谢谢你

夏文娟 北电胜利公司

昨晚我坐在地上看手机，儿子情绪很低落，总是忍不住流眼泪，一副受了委屈的样子。

他跳下沙发要坐在我腿上，我很嫌弃地说他不坚强，无论我怎么拒绝，他都执意把小屁股往我腿上挪，他摸着我的脸说："妈妈，你能不看手机吗？"孩子的爸爸给我使眼色，意思是我忽略了孩子，我立刻放下手机，抱起儿子。我说："咱们一起看电视吧。"儿子说："妈妈，你能一直看着我吗？不看电视。"我反问："怎样看？"儿子用小手固定着我的脸："就是一直看，眼睛不看别的，就看我。"我把他横抱在腿上，眼睛一眨不眨地看着他……几秒钟，他的脸上就拨开愁云见明月，喜笑颜开……小孩子快乐的缘由就是这么简单，妈妈的一个拥抱和关注的眼神。

曾经在一篇文章里看到这样的话："上帝给每个匆忙赶路的灵魂分配了可爱的天使，小天使的到来，安抚了匆忙的脚步，让急匆匆赶路的旅人有了反观自我内在的时刻。"不用赘述，想必每个人必须承认这个现实，越来越多的人，都沉溺于手机的世界里，手机让我们变成了"盲人"，变成了"聋子"，变成了只会"嗯"、"啊"的"动物"，让我们忘了沟通，忘了微笑……手机甚至剥夺了我们见证一个生命成长的机会。某种意义上，手机改变了我们，我们忽略了孩子，也影响了人生的轨迹。

转眼，儿子已经4周岁了。这四年里，我觉得自己很忙，不是忙工作，就是忙着备考，空暇的时间里，更多的是忍不住拿起手机，尽管是刷着满是推销信息的朋友圈、看着无聊的肥皂剧，却很少能陪孩子完整地读一本故事书、听一首歌，甚至忽略了他某些成长的瞬间。一天中午，在办公室靠在椅子上睡着了，梦见儿子长大了，我想抱抱他，他却躲开说：我长大了，不要妈妈抱了。瞬间我惊醒了，心被这个梦揪得很疼，仿佛真的失去了什么似的。我突然意识到，那颗在我身体里发芽长大的小树坚韧地迎着太阳茁壮成长着，我快要跟不住他的脚步了。他上幼儿园了，他从小班升中班了，感觉转眼间就要背上书包去上学了，小学、初中、高中、大学……以后留给我们更多的是他们匆忙的背影……孩子腻在我们怀里，不才只有这么几年吗？我们能陪伴他们的也不过只有这二十几年，而我们为什么不能拿出全部的爱、全部的精力来陪伴他呢？

很多个深夜，被儿子的小手拨弄醒，他睡梦中举着手在摸索我，有时困意十足的我会转到床的另一侧，可是儿子总能搜寻到我，不知道会打多少个滚，甚至爬起来，躺在我的身旁，搂着我的脖子，小声唤着“妈妈”。我不由搂紧他，他再一次让我进行反思：我的宝贝，对不起，妈妈不够爱你，至少不如你爱我那般。

不记得有多少次你对我说：“妈妈，你能不能不看手机？”我都没有做到第一时间放下手机，甚至有时不许你来打扰我，希望你不吵不闹的自己玩玩具。我总是用哄骗的手段来避开你，去做我喜欢做的事，而你总是会大声地说“我不喜欢妈妈了，我再也不和妈妈做朋友了”，而当我张开双手面向你的时候，你总是毫不犹豫地奔向我的怀抱。每一次的不情愿，你学会了用眼泪来宣泄，但在我的“威逼利诱”下，你总是会妥协；我每次对你发脾气后，你总会递来讨好的眼神；每一次我说“妈妈伤心了”，你都会递过你温柔的小手抚摸我的脸颊。每次入睡前你都喜欢抓住我的头发，我总是会训斥你，其实我早已经意识到那是你需要我的信号，是你的不安养成的习惯。宝贝，对不起，妈妈不够爱你，在你的世界里妈妈就是全部，无论我怎么推开你，你都会一如既往地注视着我。我对你投去的每一个眼神，

都会带给你满足，在你的眼里妈妈是世界最美丽的，妈妈的怀抱是最温暖的，而我却不能如你爱我般爱你，总是会忍不住向你发脾气，总是喜欢对你大声喊叫，总是看见你熟睡后眼角的泪痕才会想起我应该给你一个拥抱。

很多人在成为父母的那一刻会忍不住热泪夺眶而出，心头涌动的那种莫名的感动：这是个经由我而来的生命，他在我的人生中创造了奇迹，无论他让我失去多少睡眠、精力、时间，我都心存感激，这是上天的恩赐，让我成了他在这个世界上最亲最爱的人。人生是一场没有回程车票的旅行，既然我们选择带着孩子出发，这一段仅有二十载的相伴之路，我们都要努力让每个瞬间变得美好，参与他成长中的每一个历程，享受他带给我的每一种心情。此刻开始，我们应该放下手机，回到孩子成长的旅途中，回到孩子的童话世界里，陪着孩子找寻解决问题的方法，一起丰富内在的智慧和力量。

然而，我的宝贝，妈妈想对你说：宝贝，对不起，忙着看手机忽略了你为我绽开笑脸；宝贝，对不起，忙着看手机辜负了你一如既往的信任；宝贝，对不起，我才明白你的那句“妈妈，你能不看手机吗”带着多少无奈和期许。宝贝，谢谢你，让我重新学会如何来爱你，我要放下手机向你学习，像你爱我般爱你。

优秀奖

我的婆婆

许树云　乌海能源公司

婆婆个子不高，话也不多，但很淳朴和勤劳。记得初次见婆婆的时候，她没说几句话，忙着做饭，吃饭的时候婆婆只是忙着招呼我吃饭，那时候觉得婆婆应该是个很好相处的人，但是后来才体会到婆婆的执拗。

我怀孕后，婆婆为了方便照顾我和我们住在了一起。婆婆平时生活节俭，就连买菜也是买便宜的，有时候我和爱人买点贵的，婆婆总是要唠叨上半天，为此我也偶然和婆婆闹矛盾。后来我慢慢地理解了婆婆。婆婆出生在农村，家里共9个孩子，其中有两个孩子在刚生下来时因为家里太穷，就被迫送人。婆婆是家里的老大，自然就担负起照顾弟弟妹妹的重任，把家里本来就不够吃的食物尽量留给弟弟妹妹吃，所以婆婆经常饿肚子，能吃上顿饱饭就是她那时最大的心愿，因此婆婆一生节俭，也要求她的孩子们必须节俭。后来我爱人经常劝说婆婆，我在怀孕期间需要营养，吃好了才能补充足够的营养，慢慢地婆婆的观念也开始转变。

我和婆婆的关系真正改善是在我坐月子期间。爱人工作特别忙，整个月子都是婆婆在照顾我。记得住院的时候，一天夜里一点多我迷迷糊糊地醒来，听见卫生间有水流的声音，起来一看是婆婆在给孩子洗尿布。坐月子的时候我一天要吃五顿饭，婆婆天刚亮就起来给我做饭，晚上不管多晚只要我说饿了便立即毫无怨言的给我做饭，夜里还要帮我照看孩子。由于婆婆的精心照顾，我的身体体质得以改善。老话常说，女人如果坐月子坐好了，身体体质就能改善。我深有体会，以前我体质很差，经常生病，坐完月子后，我很少生病，连感冒都很少。就连同事都说我身体变好了，这一切都得归功于我的婆婆。

婆婆小时候因为家里太穷加上还要照看弟弟妹妹，没有上过一天学，以至于后来吃了很多苦，因此不管再苦再累也要让自己的两个儿子上学。但是小叔子太淘气不好好学习，高中未上完便辍学了，这是婆婆一辈子的遗憾，现在每每谈起还懊悔不已。好在小叔子夫妻俩还算争气，能吃苦耐劳，生活过的还算富足，这让婆婆多少感到欣慰。

婆婆一生勤劳，极能吃苦耐劳。每年过年别人家都是团聚在一起，吃吃喝喝，但婆婆却是最忙的时候。小叔子做些小生意，过年的时候卖烟花爆竹，婆婆就尽量去帮忙。每天把炮摆到街边，为了节省时间，晚上都不收摊。婆婆心疼小叔子，晚上就自己睡在车上看着炮摊，每天只能睡两三个小时，第二天还要继续卖炮，连一顿热乎乎的饭都吃不上，就这样一坚持就是半个多月。她把所有的心血都奉献给孩子们，毫无怨言。

如今婆婆有了孙子。好不容易把自己的两个儿子抚养成人，婆婆又开始为孙子操碎了心。由于我要上班，所以我的孩子一生下来就是由婆婆照看，婆婆从千里之外来到我家，语言不通，生活也不是很习惯，好几次都曾悄悄萌生过回老家的念头，但是看着襁褓中的孙子无人照看，便努力克服各种困难精心照看孙子。孩子在婆婆的悉心照顾下，健康的成长。婆婆对孙子的一日三餐十分精心，常常是忙乎完小家伙的吃喝后，才肯自己吃。我家住在六楼，婆婆又患有老年气管炎，带着孩子出去玩上楼的时候是最难的，每次上六楼都得歇两三次，到了家里便气喘吁吁，但她从来都毫无怨言。只要看到孙子开心的笑容，她再辛劳也心甘情愿。

我十分感谢我的婆婆，虽然我们没有血缘关系，但是她却悉心照顾我，没有半句怨言。精心的照看我的孩子，使得孩子能够健健康康的成长。我应该感谢婆婆，她的勤劳、节俭和执著都是我学习的榜样。愿婆婆能健康快乐的安享晚年。

优秀奖

家有“婆婆妈”幸福不浮夸

曹玉丽　大雁集团

列夫·托尔斯泰曾经说过：“幸福的家庭都是相似的，不幸的家庭各有各的不幸。”这句话概括起来的意思就是：幸福的家庭总体看起来都是幸福快乐和温馨的，所以相似。不幸的家庭总是有不同的伤心事和家庭成员以及个人的酸甜苦辣，所以每一家的不幸都不尽相同，你以为呢？幸福是什么？虽然每个人的观点和角度不同，回答的幸福也不尽相同，但归纳成一句话就是：“幸福的人，不是因为你拥有的多，而是由于你计较的少。”

写到这里偶然看到日历即将翻到母亲节的这一天，当你准备为自己的母亲庆祝的时候，作为女人你是否想到还有另外一个“妈妈”——婆婆，也在等待你的祝福呢？她含辛茹苦抚育了你的另一半，把一个疼你、爱你的人送到了你的身边，从此你的幸福也成为她的幸福。

近日偶然翻阅高英编著的《幸福多一点，欲望少一点》这本书时，感触颇深，书中从第一章欲望的本能开始解析幸福的目标，到第十七章卸下欲望的枷锁，感悟幸福的真谛为止，用多个侧面为我们阐述了欲望少一点，幸福就会多一点这个主题，通过生活中心灵励志小故事，多层次多角度地揭示了抱怨与幸福的关系，引导你懂得感恩，开启你的幸福生活。

其实，我是真切地感受到了这种来自于另一个家庭带给我的幸福感。说起我的“婆婆妈”，其实她老人家一点也不婆妈，相反有的时候，比我这个文化人还明白事理，想当初和爱人相识是由媒人的撮合才见面的，本来还在犹豫是否继续和他相处下去，却在第一次见面时，被婆婆高超的厨艺、和蔼可亲的态度所征服。甚至有的时候和爱人调侃时，还戏谑的说过“不是因为相中你老妈，我还不会决定嫁给你呢。”

我的婆婆妈，其实是一个值得我尊敬的人，是一个明事理，知冷暖的人。她一共生育了6个子女，3男3女，她虽然没有多少文化，却把每个孩子都培养得知书达理，明理懂事，每个孩子也都工作努力，乐观向上。她用细碎的日子，把自己初为人媳，初为人妻，初为人母的人生演绎得尤为精彩，这一点是最值得我敬佩的。

回想当初作为儿媳的我，面对烦琐的家务，一头雾水，无从下手，是婆婆不厌其烦的手把手地教我，慢慢地让我享受到了做家务的乐趣。

犹记得当初刚刚怀孕的头两个月，妊娠反应的特别厉害，经常吃了就吐，为了照顾好我，婆婆不离我左右，不嫌脏累，一边为我收拾呕吐物，一边问我想吃什么，只要有想吃的马上就去给我做。我怀孕到六七个月的时候，正赶上冬天，孕妇的身材尤为明显，原来的衣服已经穿不上了，婆婆怕我冻着感冒，连夜按照我的尺寸，给我做了条厚棉裤，穿着婆婆做的棉裤，感觉到那个冬天是温暖的，心里甭提多幸福了。

婆婆最拿手的是家常炖鲫鱼，只要她一炖鱼，整个楼道里都飘着鱼香，让邻居们馋得直流口水呢，老人家一生不吃牛羊肉，可有时为了给我解馋，总是会为我特意包顿肉馅饺子，这样的婆婆你还能说她不好吗？和爱人生活久了，有时难免吵架，但是只要我和婆婆“告状”，婆婆从来都是先把他训斥以后，才不急不缓的跟我分析她对事情的见解和对错，让我对她心服口服，并成为我生活当中的“良师益友”。

2010年12月疾病缠身的公公病逝了，剩下婆婆一个人，我们这些做儿女的担心她老人家一时接受不了这样的打击，可她异常的坚强，不仅没有被这样的事情打到，反倒和三个儿子语重心长地说：“你爸走了，当初他脾气不好我让着他，现在你们也成家了立业了，不用担心我的身体，想让我省心的话，就要善待自己的媳妇，因为嫁给你过日子不容易，都对自己的媳妇好点，就解决了我的担忧。”这就是我的婆婆从不计较自己的得失，只会为他人着想。

其实我觉得，人和人相处就应该是相互的，由己及人，凡事站在对方的角度去考虑她的感受，抱怨就少了，这就是我和婆婆的相处之道。和爱人相濡以沫地走过20年，和婆婆我也是这样和睦相处了20年。每每有的时候，女人们在一块聊天时，一提起自己的婆婆，总是在抱怨婆婆哪哪不好时，却没有在自身上去寻找缺点，而我一提起我的婆婆妈，就觉得心里洋溢着的是满满的幸福。假如你站在她的角度对待某些事情，真把婆婆当作了自己的亲生妈妈一样去对待，我想你也能体会到这种幸福的。

的确，亲情是一种深度，它给你的是朴实真挚的热热乎乎，能让你在温馨四溢的家庭里，尽情感受阳光般的沐浴。人生中有一种感动，那是用真心换来的真情，我时常被这样感动着，在感动之余，更多的是用自己的实际行动好好孝敬婆婆，也做婆婆的贴心“小棉袄”。

在漫长的人生岁月里，得失随缘，心无增减必然不容易，但我们要知道，生命总是相互依存的，鸦有反哺之意，羊有跪乳之恩，一个懂得善恶是非的人，更应懂得感恩，感恩自然的福佑，感恩父母的养育，感恩无私的给予，在生活中适当减少抱怨，我们的生活才会幸福、心灵才会更富足、生命才会更加多姿多彩。

很喜欢这样一句话：“越大越觉得欠父母的越多，苦日子过完了，父母却老了，好日子开始了，父母却走不动了，作为儿子、儿媳、女儿、女婿，无论是谁的父母，无论如何，请宽容他（她）们、理解他（她）们、善待他（她）们，因为他（她）们苦过、累过，抚养儿女、默默无闻、无怨无悔。”

我的幸福定义就是：在日复一日柴、米、油、盐的琐碎里，慢慢体验着我的父母、兄妹和爱人的家人给予的不求回报的幸福，下班后享受那温暖的唠叨和喷香的饭菜；除夕夜，有说有笑的吃饺子，讲笑话；离家前的一句叮咛，一份嘱咐……那都是深深的幸福。被人爱是幸福，对人爱也是幸福；幸福不是单一的，而是双向的，相互爱更能撞击出幸福的灿烂火花。

当父母累了，送上一杯热茶，当朋友或同事患病，送一声问候，我想每个人这个时候都会有一种体察幸福真谛的幸福感。

一辈子不长，指缝太宽，时光太瘦，岁月总与沧桑有关，人生总与无常有染，在平仄流年里，静守花开花落，我们要记得感恩今天的她们，就是善待明天的自己，今天你感恩她们的举动，就是明天儿女善待你的修为，无论你是谁，我们都祝愿天下的母亲：福乐安康，幸福久长！

优秀奖

忆外婆“奶奶”

康　萍　神东集团

曾经有好多人问我为什么你管外婆叫奶奶？我只回答因为我和外婆亲。其实妈妈是独生女，在妈妈和爸爸结婚的时候就有约定，妈妈生的第一个孩子不管是男孩还是女孩，都要把户口上在姥爷的户口本上，因为我是老大，户口顺理成章地出现在了这个叫大树湾三队的地方（现在的大树湾第三村民小组）。但还是保留了我的姓氏，所以打我记事起，就管外婆叫“奶奶”，认为奶奶比妈妈还亲！当奶奶年事已高时，被妈妈他们接去一起生活。一去经年，直到她老人家年前落叶归根的时候，我才再次踏上这片故土。

图片里是奶奶家旧址西边的土地，可以说是这块土地上的粮食养育了我。在我的记忆中，照片中间的位置一到冬天是要结冰的，一到冬天，爷爷会给我们姐妹做简易的冰车，就是一块木板上钉两根铁丝，再用两根砸去钉卯的铁钉磨尖，钉在两根木棍上，我们玩的那个高兴劲别提有多高了！用现在的时髦话那叫一个“嗨”啊！当然不是整天光让玩的，我们几岁就开始跟着大人干力所能及的活了，冬天拾粪（来年种地用的），夏天挖野菜（喂猪）。爷爷还给我们制作了专门的小号担仗（扁担），购买了小号的铁水桶，刚开始是我和妹妹抬半桶水，后来就一个人担两半桶，扫院子、喂羊之类的活都各有分工的，至于上学就看你的个人造化了……可见我们是怎

样地接受教育和磨炼的。

这是奶奶家的旧址，是我长大的地方。小时候我的学校处于奶奶家和爸爸妈妈家正中间位置，各相距 1 公里。那时候每到放学都会为向南走还是向北走纠结半天，最后决定跟着我的小伙伴儿们，谁拉着我，我就跟他一块儿走，根本不管哪边给我留着饭食，经常搞得大人们焦头烂额，后来干脆经常准备着……

这个房子是坐东向西的，共有三间，一间是放粮食和一些杂物的，印象最深的是放着两口棺材，以致我一个人晚上是坚决不敢进去的，还不敢说，因为他们要骂人的，总是说那有什么可怕的，不就是个木头箱子么，但是我会用各种借口晚上不进去，白天也是硬着头皮快速地取放完东西匆匆出来，头皮总是紧紧的。

左边的两间是住人的，里边进门就是一行瓷瓮，有水瓮、菜瓮还有稍低一些的猪食瓮，奶奶是非常爱干净的，总是用高粱棒缝的叫?子的东西盖着各司其职的“瓷瓮”。正面墙上高一点的位置钉着一条长长的木板，宽窄可能四五十厘米，我们叫它“架板”，上面放着各种瓶瓶罐罐以及零零碎碎的东西，最东头放的是个梳头匣子，黑色的，翻开盖儿就有面小镜子，据说这是奶奶的陪嫁物件。里面放着木梳、篦梳，至于篦梳可能年轻人不懂是什么东西，过去的人因为卫生条件达不到，头上身体上都会生长一种“小动物”，篦梳就是用来梳头上的小动物的。木梳脏了不是用洗的，是用掉下来的头发交叉缠绕在一只手的大拇指和食指上，另一只手拿着木梳在头发上往里推拉，使梳子上的脏东西刮下来，我认为这是古人的智慧。架板下来是一件最为值钱的家具“门箱儿”，它长 1 米，宽 30 厘米，高 1.2 米左右，两个抽屉下面是一对双开门，正面主色调是大红色的，左边的门板上画着红花绿叶，一片花香鸟语的景象，另一扇门板上画的是个小方桌，桌子上放着一个缸子，里面插着梳子、牙刷和牙膏，记忆里那时候好像还没见过刷牙，就问奶奶那是个啥东西？她说那是牙粉牙刷子，当时还挺期待我啥时候可以有个牙刷！可见当初这地方是有多么落后与闭塞。

房间右边是一盘大炕，炕的墙上挂个“架杆”，上面放的爷爷奶奶和我们换季的棉衣皮袄之类的，到了冬天就空空如也了，因为根本没有多余的衣服可以放着的，那时候的冬天是非常非常冷的！那时，印象最深的就是每当放学回来就把脚放在灶火上烤，袜子呼呼啦啦的烧光了，脚还没觉得疼！尤其雪开始融化的时候，因为小孩子长得快，棉裤经常是短一截儿的，我永远记得脚腕儿被雪刮的像刀子割一样的感觉！好在每当爷爷白天忙完活计，晚上就会坐在煤油灯下给我们姊妹几人织毛袜子，给谁织的时候谁就会陪着，眼巴巴地看着爷爷一上一下的织，缠着让爷爷织完才能睡觉！

奶奶总是给我们缝新的补烂的，因为妈妈针线活不是很好，手巧的奶奶经常给我们把短了的裤子接上一截子不相配色调旧布，把大人的烂皮袄改成小的，拓个红洋表面儿，还接个黑色的袖子，说是像个护袖；还有奶奶给我们做的砌道道鞋别提有多漂亮了！砌道道就是用不同颜色布条粘的鞋帮子，鞋头子上用麻绳儿缝上来打个结再缝下去，来回多少次直到把整个鞋头缝完一圈，那时候我们和同龄人相比是非常幸福的，总能迎来羡慕的眼神！

奶奶的炕上经常放着一个针线笸箩，随时就开始缝上了，她的顶针从不离手，洗碗时候总能听到刺啦刺啦的响，时常教育我们说碗若是洗净的话是光的，洗不净是涩的；天气不好的时候奶奶会唱“山曲”唱着唱着就哭了，我总是说奶奶不要哭！每每这个时候她都会不理我，想她的心思，继续唱她的山曲，直到后来我才理解了她为什么哭！她是哭她的苦情！她的命运多舛！奶奶是个非常要强的人，包办婚姻使她 15 岁嫁给了爷爷，两人性格不合，经常吵架，生育了四个儿女只有妈妈活了下来。听说妈妈小的时候他们多次去过县政府要求离婚，最后还是因为割舍不下妈妈，奶奶放弃了离婚的念头。结果 2008 年 8 月 18 日刚 60 岁的妈妈又弃奶奶与我们而去！此时奶奶已经 84 岁，白发人送黑发人，这几年来我们姊妹们把对妈妈的爱全部寄托于她老人家身上，然而就在前几天奶奶也悄悄地去了！

今天是奶奶的生日！每年的今天我们姊妹们都是雷打不动回家给奶奶过生日的，而现在我们是没有理由聚在一起了！也没有聚在一起的理由了！

这里的一草一木我将永远刻在我的记忆里！希望这里的一切生生不息！再见了我的童年回忆！永别了我最最亲爱的奶奶！我的泪水已不止！

优秀奖

怀念父亲

董丽玲　神东集团

父亲离开我们已经整整100天了。100天来，每当我仰望星空、遥望远方，总会不由自主地从心底发出一声问候："父亲，您在那个世界过得还好吗?"

父亲4岁的时候就没有了父亲，他得到的父爱可以说少得可怜，但他却用他60年的人生给了我们姐弟4人一生都享用不尽的父爱。

父亲一生吃苦耐劳，同母亲一起含辛茹苦养育了我们4个儿女，赡养了4位老人。如今儿女们已长大成人，父亲却在刚刚过完60岁生日两个月后就匆匆离我们而去，甚至没有来得及穿一件儿女们为他准备的高档服装，没有坐过一次飞机，没有留下一句话（父亲突然病重，不会说话），这也成了作为儿女的我们一生都无法抹去的遗憾。

小时候，在我幼小的心灵里，父亲是无所不能的。首先他的力气是最大的，他可以将我们姐弟四人同时背抱起来；他是最令人快乐的，他可以带着我们姐弟四人玩很新奇的游戏，引来其他小伙伴羡慕的目光。父亲还是最细致的，还记得刚上小学的时候，父亲为我们姐弟几个包书皮，不仅包得棱角分明，甚至还可以包出些新花样，他包得那样认真，直到现在每次给儿子包书皮的时候，我还能想起父亲为我们姐弟几个包书皮时那一丝不苟的神情。还有父亲为我们削的铅笔，笔芯留得长短适中，可谓恰到好处，用起来真是得心应手，手捧着父亲包的书皮，用着父亲削的铅笔，我们姐弟几个从小学一路走来。

父母那个年代，计划生育抓得不严，生了3个女儿后，弟弟在父母的期盼中来到这个世界。父亲常开玩笑说我和妹妹是多余的，是因为要生弟弟才会有我们两个。小时候不懂事，听了这话总会很生气。但事实上我们并没有感到自己“多余”，我们同姐姐和弟弟一样得到了父母加倍的关爱。由于我和姐姐仅相差一岁，弟弟和妹妹仅相差一岁，所以，每次父亲为我们姐弟们买衣服时总是给我和姐姐买成同样的尺寸，给妹妹和弟弟买成同样的尺寸，这一来总会让售货员误认为父亲有两对双胞胎儿女，每到这时，父亲也总会顺水推舟，自豪地告诉售货员他有两对双胞胎儿女。

小时候，由于母亲的严厉，我们更多地在父亲处得到了慈爱。父亲每次外出归来，总要带来点我们平常吃不到的好东西，所以只要父亲外出回来，我们四人就会像一群馋猫一样围着他转。由于家中孩子多，还要赡养老人，所以家里的生活总显得很拮据，看到别的孩子穿漂亮的衣服，我们虽然没有张口向父母要，但渴望的眼神还是灼痛了父母的心。为了贴补家用，有一段时间，父亲每天都要到离家30公里以外的地方上班，为了节省费用，父亲将一辆自行车当作了自己的交通工具，每天早出晚归，风雨无阻。东北老家的冬天是异常寒冷的，每当看到父亲白眉毛、白胡子，棉帽两侧带着白霜走进家门时，年龄尚小的我们姐弟几个都会涌上前去，抢着去摸一摸他的“白胡子”。印象中当时父亲的表情总是很特别，随着年龄的增长，我才渐渐地明白，父亲的特别表情是由于脸部神经被冻麻木所至。当时年龄小，还不知道每天骑自行车行60公里是怎样一个概念，直到后来一次偶然的机会，沿着父亲曾经每天往返一次的路线走过一次后，我才明白了父亲曾经付出过怎样的艰辛，只为了自己的女儿也能穿上自己喜爱的衣服，吃上可口的饭菜。

父亲更是坚强的，一次父亲因为帮别人搬油桶，将脚趾砸断了，但是坚强的父亲硬是忍着没有去医院，也没卧床休息，而是跛着脚，照常打理着家里家外的事情。当时对父亲的举动，我们姐妹们仅是表现出来了敬佩。

如今想起来，却令我心痛欲碎。十指连心啊，父亲当时是忍着怎样的疼痛，又是何以表现如此的坚强呢？然而，父亲的坚强的性格在方方面面的生活重压下更加全面的表现了出来。

时光荏苒，我们年龄相仿的姐弟四人同时都长大了，姐姐读了中专，我和妹妹考入了重点中学，而后都考上了大学。20世纪90年代初，考上大学，读上中专，无异于抱定了一只铁饭碗，父亲脸上乐开了花，为学业有成的女儿。然而，父母骤然而生的白发使我们不得不承认，我们的学业是和着父母的辛劳汗水完成的。每月必须要寄出的三份生活费是父母微薄的工资远不能及的，然而，坚强的父亲运用了他全部的智慧和力气，如一把遮风挡雨的大伞，为自己的儿女撑起了一片无雨的天空。

出门在外的求学生涯，使我们或多或少地也领略到了一点世间的冷暖。然而每次假期归来，父亲亲自下厨的一桌好饭却足以融化掉所有的冰霜。吃着喷喷香的饭菜，看着父亲开心的表情，这也许是我一生都无法忘怀且回味不尽的风景。父亲年轻的时候长得很帅，这是我小时候就从大人们口里得知的，可是后来我慢慢地发现父亲的笑容里愈来愈多地加入苍老的成分，两鬓的白发、略微前倾的背，一件从我上大学一直穿到我大学毕业的衣服，至今令我无法释怀。当时我曾许下诺言，等我挣钱了，我一定要给父母买最好的衣服，吃最好的饭菜……可是我一直都没有兑现，为了自己的小家庭，为了自己的儿子，为了自己的前途事业，我甚至忽略了对自己恩重如山的父母双亲。总是认为父母身体还好，再过几年，再过几年兑现诺言也无妨，可是父亲他没有给我们再过几年的机会，当我们给他买回他最喜欢吃的东西时，他已经吃不进去了；当我们给他买回好看的衣服时，父亲已经卧病在床了。父亲的离去留给了他一生都无比珍爱的儿女们永远无法弥补的遗憾。

父亲的病也许在很多年前就有了，然而生活的重压，让患病的父亲始终以一个健康人的身份，拖儿带女、背负重压一路走来。直到医院查出他已患上了重病，他还不曾吃过一粒药、打过一次针。严重的脑萎缩加上脑血栓，一次次击倒了父亲，然而在医院的全力救治和母亲及我们姐弟们的悉心照料下，坚强的父亲竟然奇迹般地一次又一次地站了起来，每当有亲友来探望时，父亲总会不失时机地从卧室里走出来，在客厅里走上一圈以示他的健康。这也致使我们在父亲的最后时刻还天真地认为父亲这一次一定也会逃出劫难重新站起来。然而父亲终究没有再站起来。60 岁的父亲就这样带着对这个世界的无限眷恋和对妻子儿女无尽的牵挂匆匆走了。父亲给了姐弟四人以生命，而我们四人面对垂危的父亲却束手无策，这又怎能不让我们肚肠寸断！

父亲，您在那个世界过得还好吗？您能原谅您的粗心的儿女吗？如果这世间真有轮回，来世再让我做一回您的女儿好吗？

优秀奖

爹娘带给我什么

王爱平　神东集团

一别故乡是他乡，思念转惆怅；
一声问候越关山，瞬间解忧伤。
千里万里，总难忘爹娘，是你们教我将苦难承载，迸发前行力量。
幼小时咿咿呀呀，娘教会我歌唱；
半大时蹒跚学步，爹教会我坚强。
生病时，娘满心爱怜，似春风化冻，抚平我所有苦痛；
挫折时，爹谆谆鼓励，如雨落心田，帮助我茁壮成长。
有好的东西要和人分享，
做人做事咱要实在要敞亮。
时时刻刻把善良装心上，
受人之恩要永世不能忘。
一路走来，历经许多，
细细想来，总有明灯将我前途照亮。
在学校，在单位，在工作，在生活，
与人为善，感人亲和；
与人分享，朋友多多；
做人实在，大家信赖；

做事敞亮，互相担待。

爹娘给予我的，

是我一生受之不尽的宝藏。

想要报答时，却发现他们早已满鬓风霜。

这世上总有些恩情，你无以为报，

我们所能做的，是感恩，是陪伴，是传承，

是努力用爹娘所给予的为这世界增添一份别样的美好。

岁月之河依然在悄无声息永不止歇地向前流淌，爱也在耐心细心的执著坚守和默默地守候中继续延续，时间见证爱的伟大，可我希望见证爱的伟大的不只有时间，还有这个世界，还有我们。

优秀奖

写给即将步入职场的女儿

王萍珍　天津煤码头公司

看着你一脸严肃、忙忙碌碌地准备返校的东西，突然意识到，曾经满脸稚气、单纯可爱的你已经长大，十几年的学习生涯已进入倒计时，再过一年你就要步入职场、走上工作岗位了。

从小到大，妈妈没有对你的人生进行过具体细致的规划，没有拿父母的思维去框架你的想法，总是让你遵循自己的意愿去选择自己的路，不知不觉间，又到了一个需要选择的关口。依然是，尊重你的选择，微笑着鼓励，与你共同面对未来不可预知的挑战。对于你即将到来的职场人生，深知自己的浅薄，给不出什么可取的建议，就在这里，就一本书的感悟，与你共勉。

这本书的名字叫《未来的你，一定会感谢现在努力工作的自己》，这是一本激励职场心灵的鼎力之作，给人力量，催人奋进，传递正能量，给在职场中迷茫、在职场中委屈、在职场中拼搏的人信心和能量。在这里，妈妈不想长篇大论，不想拿自己的经验去说教，只想说书中的几个关键词：今天、目标、敬业、责任。

关键词一：今天

“抓住今天，所有的未来都由今天组成”，这和现在流行的一个词“活在当下”有异曲同工之妙。“活在当下”，看似简单的四个字，道理浅显易懂，却包含着深远的哲理。“活在当下”，并非是及时行乐、得过且过，而是珍惜现在，努力过好现在，做好现在该做的事。

记得妈妈在曾经难过的时候，在微信中写下了“不悔曾经，不惧将来，不负当下”的话来鼓励自己，如今我也把这句话送给你，希望你能真正理解它的含义。或许，对于未来，对于即将到来的职业生涯，在你的脑海中，有过无数美好的设想；或许，将来的工作，琐碎、无趣，即使努力也未必能马上得到回报。没关系，不要灰心，不要放弃，不等不靠，不忧不怨，抓住今天，努力做好眼前的每一件事，“种豆得豆，种瓜得瓜”，终有一天，你会为自己没有虚度时光而庆幸，为自己今天的努力而感激自己。

关键词二：目标

人生没有目标，就没有了方向，就没有了工作和生活的动力。“清晰的目标就像一面旗帜，会带给人信念，指引人成长”。

职业生涯很漫长，职场工作很繁杂，如果在工作中没有目标，就不会去努力，不会认真去做事，当然更不可能有美好的未来。

目标不必设立的太多，也不必太高远，根据自己的优劣势，明确自己想要的是什么，在工作的每一个阶段，设立自己想要达到的和自己能够达到的目标。有了目标，工作中就少了迷茫，多了动力，工作就有了激情，坚持不懈，坚定不移、执著地前行，最终实现自己的目标。

关键词三：敬业

敬业，是每一位员工需要具备的职业操守之一。“敬业就是尊敬并重视自己的职业”，没错，作为员工，在工作中必须要有敬业精神，热爱并重视自己的工作，才能认真、努力地干好工作。

工作不是为了别人，敬业更是为了自己，或许在将来的工作中会遇到这样那样的不如意，但是，既然工作摆在你面前，你别无选择，你必须要重视它，认真对待它，尽职尽责，努力做好自己应该做的事，在努力工作

的过程中积累知识和经验，完善自己，不断成长进步。

关键词四：责任

人的一生，要担负很多的责任，对社会、对家庭、对别人、对自己都要负责，同样，对待工作也要有负责任的态度。“勇于负责是一个人取得成功的重要资本”。

“工作，就意味着责任。”不论你从事的是什么工作，不论你从事的工作重要不重要，既然需要你去做，就要负责到底，不推诿、不逃避、不敷衍、不抱怨，努力担当，认真做事。

“责任比能力更重要”。在职场上，能力是一个人胜任岗位最基本的条件。一个没有责任心的人，在工作中不努力，不用心，即使能力再强，也不会在工作中发挥出来。一个人只有具有强烈的责任感，对工作责任，才能充分激发潜能，做好工作。

今天的你，还身处校园这个洁净单纯的象牙塔中，对于未来、对于职场，概念或清晰，或模糊，都不要紧。不管怎样，不管将来从事什么职业，在什么岗位上，遇到什么样的工作，在什么样的工作环境中，只要记住，抓住今天，设定目标，忠诚敬业，承担责任，脚踏实地，勇敢前行，做好自己，做好该做的事，相信，未来的你，不会被辜负，未来的你，会感谢现在努力的你！

Part 08

我的幸福人生，无可复制

二等奖

我的幸福人生，无可复制

黄迎娣　神新能源公司

使人疲倦的不是远方的高山，而是鞋子里的一粒沙子。

——泰戈尔

多久没有坐下来静静地写点自己的东西了，21 世纪的今天，有了万能的“度娘”，是不是一有文字任务，就迫不及待地投向“度娘”的怀抱了，连谈谈自己的“幸福”那点事，也得去问问别人呐？

羞愧难当啊，自己接到“幸福中国　幸福女性”征文通知的时候，也是毫不犹豫地去点开电脑“百度幸福”，打开视频看看娱乐综艺栏目里，别人是怎么谈的幸福。看着，看着，忽然不再想翻阅别人的幸福了，因为，那些都不是我的人生，而我，作为一名现代女性，我有我自己独有的精彩人生。虽然不够传奇，虽然不够伟大，虽然平平淡淡，但是我的幸福，是别人无法复制的，我的幸福，是上天赐予的礼物，它只属于我。

感谢此时此刻的自己，经历了完整的青年时期，从顺利的出生到彩虹般的童年；从模糊的小学到难忘的大学；从遥远的东方之家到辽阔的西方疆域；从青春的叛逆期到懂事的成长期；从无忧无虑的象牙塔到丰富多彩的工作单位；从甜蜜的结婚到幸福的生子；从泼辣的小姑娘到温柔的小辣妈。作为一个知识女青年，能有机会一幕一幕叙述自己每个重要生命过程中的幸福点滴，这本身就是一件很幸福的事情啊。

生命的起初对我可能不那么眷顾，一岁零两个月的时候，母亲丢下我，改嫁到家境好些的人家去了，刚刚鼓起勇气会走的我，天天在村里转着圈地寻找她的身影，颤颤巍巍的小步伐没有那么熟练，总是让周围的人怜悯地抱起来擦干眼泪，无知的我只知道，妈妈的一个拥抱，是多么幸福的一件事情。

后来，长大一些了，跟着爷爷奶奶在不富裕的家里渡过了无比欢乐的童年，爷爷经常把我放在他那个像弥勒佛一样的大肚皮上，虽然从来没有去游乐园玩过一次旋转木马、蹦蹦车之类的，但是，爷爷的大肚皮是我记忆里最温暖的跳跳床。一次玩耍中我把嘴里正吃的蛋黄稀饭喷到了爷爷肚子上，爷孙俩你看着我我看着你，笑得前仰后合，都开心了好多天。如今，80 多岁的爷爷每次提到这件事，还像当时一样满脸的幸福。

上小学的时候老师们都特别喜欢胖嘟嘟的我，班级上的节目都让我做主持人，合唱的时候也是让我来领唱，朗诵的时候数我的声音最大，最让我自豪的是我的成绩特别好，数学老师每次都向我家里人竖起大拇指，夸我聪明。多彩的少儿时代，只有单纯的笑和干脆的幸福！

而到了中学时代，有了物质被区分的被动，变得不再那么自信，变得沉默寡言，变得爱红着脸和男孩说话，变得更加努力学习，更加向往成功，于是乎，有了凌晨和同桌在走廊里借着灯光看书的奋斗史；有了临近高考的压力而变得忧郁，每周都要和“死党”在湖边抱头痛哭的病情；有了羡慕同学拥有家人的探望关心，埋怨没有亲人给我送牛奶、送水果、送营养品而连续 2 个月不想回家；有了在食堂吃馒头泡开水，因为不想问家里要钱早上从不舍得买个鸡蛋的独立心态；有了破茧重生高考时考取班级第一名，老师的赞誉，同学的羡慕，亲人的欢笑，而我，正躲在被窝里偷偷地乐开了花，心中酸甜苦辣的故事，在慢慢成长中，变成可贵而幸福的回忆。

梦寐以求的大学时光如白驹过隙，穿梭于指间，匆匆那年的我，收获了最纯净的爱情，单车上感受春风的速度、图书馆中安静的背单词、篮球场上挥汗如雨的奔跑、校园食堂中下课拥挤的排队、桃花园中背对背沐浴阳光、自习室里手拉手的占座位，一切都不在预想中，自然而然，偶尔发生，画面太美，不忍直视。

就像《致我们终将逝去的青春》中说的，“青春是一场远行，回不去了；青春是一场相逢，忘不掉了；青春是一场伤痛，来不及了。”在这个花一般的年龄，就应该像花一样地绽放。宁愿在追逐路上无数次跌倒，哪怕最终只剩下坚强的躯壳，也不愿就这样被现实简简单单击倒。既然选择了远方，又何惧路途遥远？

记得刚刚怀孕时，很害怕不能给宝宝提供优越的物质环境，害怕亏待了他，害怕让他生活得不幸福。随着他的降临，一切的烦恼都烟消云散了，他是那么开朗活泼，那么可爱温暖，那么天真烂漫，尖叫的笑声沁人心脾，肆意的哭声让人怜爱有加，粘人的拥抱让我感到幸福到心坎里了。

害怕吵醒宝宝，我的屋子从不开电视；害怕影响宝宝，我的手机从不放床边；害怕捂着宝宝，我的被子从不敢盖全；害怕奶水不够宝宝吃，我的饭量大得惊人；害怕晒热宝宝，我逛街时大都在公园。多少个害怕，多少个担心，多少个自己以前万般的不愿意，如今做起来却甘之如饴。

我是听见小宝贝第一声啼哭的人，我是和小宝贝第一个贴身拥抱的人，我是给小宝贝第一口母乳的人，我是小宝贝第一个在人群中急需寻找的人，我是小宝贝这一辈子的温暖港湾，而他，就是我的幸福。当他因为我的鼓励之下慢慢站起来的时候，当他因为我的躲猫猫一着急喊出“妈妈”的时候，当他因为我的一个微笑“赴汤蹈火，翻山越岭”顺利地爬向我的时候，小脸上洋溢的纯粹开心，让我触动；当他在我的陪伴中消除了朋友间的“陌生”感时，爱溢满我的心田；当因我的失误而让孩子痛哭流涕时，让我无地自容……我用心感受着陪伴生命成长中每一个细节，感受着儿子给我带来的喜怒哀乐！

现在，我们依然没有房子，没有车子，没有太多存款，可是，我有老公在宿舍睡前为我打的一盆洗脚水，我有公公婆婆在春节一起包饺子做年夜饭，我有儿子从早到晚每分每秒占据我的心房，将来，我也会有一所大房子，温暖的阳光，面朝大海，春暖花开。一部属于自己的车子，一来为代步之需，二来偶尔放开了心情，一家人游玩于都市之外——采菊东篱下，悠然见南山，岂不美哉！

有人说，只要对物质的追求不要贪婪，人的感官味蕾才永不失去对幸福的敏感。信然！

写到这里，突然就悟出一个“道理”，那就是：幸福只不过是一种感觉，与钱财多少无关，而这种感觉在世界范围内是相似的，不相似的只是每个人寻找幸福的过程，各有各的酸苦和疼痛。而一个不争的事实是，随着经济不断迅速发展，每个人的生活水平相应地提高了，然而，幸福的感觉愈来愈远……

恍惚间，依稀记起陆游的《孤鹤归飞》：“……茫茫梦境，王侯蝼蚁，毕竟成尘。载酒园林，寻花巷陌，当日何曾轻负春。流年改，叹围腰带剩，点鬓霜新。交亲。散落如云。又岂料如今馀此身。幸眼明身健，茶甘饭软，非惟我老，更有人贫……”

是啊，大千世界，几度轮回，有关幸福的那些事儿，谁又能够说得清？幸福，幸福，“幸运”的有土有羊，“知福”的有衣有田，本就是简单的田园劳作生活，你自己把看得复杂罢了，就像韩寒说的：“你看到世界的样子，就是你知道的样子。”如果世界上真有“幸运”二字，也是“努力”的另一个名字。我努力，让自己幸福。用自己的亲身经历述说着幸福的过程，有喜，有悲，更有忧，幸福是酸甜苦辣的滋味，幸福由心而生！聆听风的声音，追随风的呼唤，做个风一样的女子。

使人疲倦的不是远方的高山，而是鞋子里的一粒沙子；即使铺了二十床鹅绒被，让人睡不好的却是身下的一粒豌豆；幸福不在于拥有多少，而是丢掉沙子和豌豆，抛掉烦恼和虚荣，剩下的都是幸福，幸福就像洗澡水，不用太热，自己舒适就好。

三等奖

女人的厨房

刘玉枝　杭锦能源公司

如今，下厨房并不是为那个老套的女人的阴谋：拴住男人的心就要拴住男人的胃。也不要产生另外一种可悲的联想：白发苍苍的老母亲在厨房的油烟里忙活了一辈子，最后她张罗了一大桌没有人来吃的饭，心痛之余倒在了厨房的地板上，再也没站起来……回到厨房是女人的另一种独立和幸福感：她有闲暇，有能力，也有想法，可以生活过得很舒适很丰富，自此，女人便爱上了厨房，心甘情愿做“煮妇”。

好生活是怎样的？是去菜市场买菜，在喜欢的菜品间流连，一样样地挑拣，拿起哪个都能爱不释手，辗转流连，最终买下，带回家中，每日经常换着花样做菜，女人的心情也格外晴朗。

好生活是怎样的？不仅是穿衣打扮，还包括你吃的东西是否健康新鲜美味可口，想想看：放在你餐桌上的家常小炒，是你从市场买来的当季时蔬，挑选的时候还仔细考虑了家人的喜好和健康搭配，经过洗、切、烹，最后装盘，堪称是一件艺术品的完成，这就是生活细节决定生活质量。或许你不会在意鸡蛋的吃法，但是，一个只吃过白水煮蛋和西红柿炒鸡蛋的人，一定不知道韭菜炒鸡蛋、香椿炒鸡蛋还是鸡蛋羹哪个味道更妙，大概永远都不知道自己错过了什么。

好生活是怎样的？是每逢节假日家人小聚的日子，也是最惬意的事。

女人在厨房做饭，家人围着饭桌边吃边聊天，一家人其乐融融，很是开心，看得出来，大家都很享受这样的亲情时光，女人的心，也是满满的喜悦。谁说进厨房的女人是黄脸婆？蒸、炸、煎、煮，每一道精心烹制的美食里，都是爱厨房女人爱的付出，而此时的女人也是最美丽的。

好生活是怎样的？是爱厨房的女人整理心情的地方。外面的世界很精彩，外面的世界又很无奈。管它呢，女人躲进厨房，把一切烦恼和无奈伴着知足常乐，全给它切成块丝片，揉成长方圆扁，再把它煎炸炒蒸煮炖，经过一番沸腾之后，厨房的女人便完成了自我蜕变。

好生活是怎样的？是体现女性温柔的地方。无论多么有事业心、多么强悍的女人，都会有母性的一面，在厨房里，系上围裙忙碌的女人，在人们的眼里一定是温柔贤淑完美的。因为爱，因为舍得付出，每一个爱厨房的女人有五分之一的时间是在一锅一铲中度过的。

女人走进厨房就完了吗？那或许是一个新的开始。女人的厨房成功之路与很多梦想一致：要有目标，懂得学习，永不放弃努力。而当你面对生活琐事时，厨房可以成为强大的后盾。躲进干净、整洁、用起来得心应手的厨房，给自己或是家人做一顿好吃的，是最有效的治愈。厨房，是女人最辛苦受累的地方，毕竟一个女人，她也曾年轻无敌，她也曾貌美如花，但终归要囿于厨房和爱，同时，也是女人收获快乐和幸福的地方。

三等奖

心安即是归处

曹晶晶　煤制油化工公司

单身时，一个人是自由！独处时可以发呆、可以冥想、可以做梦。安静的时候，整个世界就只有我自己而已！寂寞亦是快乐的。

相爱后，一个人是孤独！独处时只有思念，可以流泪、可以心痛。安静的时候，整个宇宙就只剩相爱的两个人，分隔两端！寂寞时，心碎散落一地。

这就是爱情的魔力，因为爱，整个世界都变得不一样！

和他相识 11 年，相恋 11 年，相守 11 年。

自从上大学后，我最大的收获就是守候了一份最虔诚的爱情。相爱，并不是因为他有一张好看的脸，而是在绚烂的午后阳光里，在篮球场上挥汗如雨的身影，那时，我看到了一颗纯净而强大的心。为了他，我愿意磨平我的棱角，只为做一个他眼里完美的小女人。

曾经鄙视那些情侣之间做的那些傻傻的事，然而，当我陷入爱情时，那些傻事、那些疯狂的事，却毫无遗漏地尝试了一遍：冬天里的第一场雪，晚上 10 点多，篮球场的地面上已经积得厚厚一层，远处的灯光里缓缓走来一个熟悉的身影。雪夜，我们吃着冰激凌，相爱的温度驱散了寒冷，身后留下一行行爱的脚印，那是“执子之手，与子偕老”的承诺。

一起逛街、一起逃课、一起看电影、一起滑冰、一起旅行，直到毕业，我们始终坚信，我们的爱情会有一个幸福美满的结局。

不知是爱感动天，还是受到了上帝的眷顾，毕业时，我们很顺利地被神华煤制油录用。这是我们的第一份工作，也是一直在坚守的工作，因为信仰，和爱情一样，对待工作，我们亦忠贞不渝。

工作后的第一个年头，在家人和朋友的祝福声里，我们一起领了红色的小本本。从此，人生的道路上，便有一个人始终带着干净的微笑，安静地守候在我的身旁；会有一双温暖的大手，需要的时候给我力量；会有一个清爽的声音，难过的时候抚我哀伤。这个人，便是我生命里的温暖阳光。

工作后的这8个年头里，我们仍不断续写爱的日记。每一次浪漫、每一次惊喜，就连每一次吵架都变得珍贵，因为爱，才会有争吵，才会有包容，才会有长久以来难忘的回忆。有时念着念着就哭了，想着想着便笑了。牵手走过的街角，飘过幸福的味道；瑟瑟的寒风里，有我们温暖的拥抱；平淡的生活里，荡漾着幸福的微笑。

有人对我说："你们真可怜，年纪轻轻就到这深山老林里来养老，都不曾体会大都市的繁华与疯狂。"还有人对我说："这偏远山村，环境不好，教育不佳，还死守在这儿。年轻人，老脑筋。不通则变，变才通。"然而，我却不以为然。每个人的追求不同，海子说："明日天涯，以梦为马。"然而我要的，仅仅是"执子之手，与子偕老"而已，此生再无他求。于我而言，有了爱情，便可以成就我想要的一切。

你可以说我没出息，你可以笑我没想法，我就是这么简单，我选择了嫁于爱情，而不是嫁于生活，于是，他便成了我触手可及的幸福。真的很幸运，能够在我生命最美好的年华里遇到他，有他的生活很惬意，有他的日子很安心，即使是生活在上湾这样一个偏远小镇。

在相守的第11个年头里，迎来了我们爱情的结晶。

借着幽暗的灯光，我在宝宝睡前诉说着我的爱情故事。每天讲述一个片段，待到宝宝长大时，希望这些甜蜜的过往可以驻留宝宝的回忆，伴他寻觅生命中的灵魂伴侣。

人生苦短，在这如白驹过隙的人生里，我怀揣着幸福，一路小跑，期待逐渐老去的自己，那一条条皱纹便刻画了我们幸福的模样。其实我早已储存了一罐罐蜜糖，深藏在记忆中的第九格，待光阴褪去我所有的青春，待我和我的爱人白发苍苍，静静地躺在院落中沐浴阳光的时候，再拿出来分享我们这一生中共同创造的美好回忆！那一罐罐蜜糖，将是我们此生最大的财富！

我不求世界能够理解我，但求和心爱的人健康、快乐地生活在一起。这就是我想要的幸福，平平淡淡、真真切切，一旦拥有，别无所求，心安即是归处。

电台里说，文字是给灵魂相通的人看的，那么，我希望看到我的文字的朋友，幸福能够如行云流水，漾开在你的心田。

我的幸福在路上，亦在心上！

幸福传承

尚　晶　铁路货车公司

母亲，家中的灵魂人物！
在每个时代，都充满了温暖与爱！
不仅仅是因为她蕴含着血脉的延续，
更重要的是由于她承载着精神与期望。
曾几何时，我们会情不自禁回首往昔，
虽然能够想起的，只有母亲的只言片语，
或严厉、或甜蜜，却会荡起内心的涟漪，
那种无形的力量，已无数次助推你我扬帆起航！
你瞧！这种力量的构建让幸福传承源远流长。

那个时期，是外婆作为母亲的年代！
勤劳是她制胜的法宝，
温饱是她执著的追求，
她唯一的愿望就是每个孩子都能够健康长大，
文化知识的匮乏并不会让她的精神力量消逝，
虽无书香笔墨相赠，却有心口相传为证，
她用勤劳的双手演绎出值得传承的优秀品质，

从那里，妈妈承袭了外婆的勤劳、勇敢与担当！
有了这样坚实的根基，幸福传承定会奔向远方。
后来，是妈妈作为母亲的年代！
知识是她成功的力量，
改变是她殷切的期望，
她谆谆教诲，盼望着我们能用知识来改变现状，
物质的相对富足让精神传承的力量更为茁壮，
但想要安心的十年寒窗，那时也是一种奢望，
她用质朴的道理讲述了平凡人生的美好愿望，
从这里，我看到了妈妈的理性、智慧与希望！
经过知识的梳理，幸福传承又注入了新的给养。

现在，是我们作为母亲的年代！
理想是我们奋进的倚仗，
价值是我们渴盼的华章，
我们用自己的所学、所感实现自我价值展望，
乘着大学扩招的春风，领略各色的风华正茂，
企盼着能用信仰将家族传承提升到新的殿堂，
在这里，我们希望你们能够做到独立、乐观与高尚！
新理念的融合，将会让幸福传承揭开新的篇章。

未来，是你们肩负母亲职责的年代！
阅读将是你们指路的明灯，
践行将是你们思绪的升腾，
油墨融入血液你们将会发现视野和胸襟的宽广，
虽然素质培养如火如荼，却非简单的拔苗助长，
定能领悟到唯有深入读书才会让传承千载流芳，
那时候，将会传承怎样的时代品格？

相信你们！那时候的幸福传承会历久弥香。

幸福传承的是什么？
是家！是你我心中能够追其溯源的根。
无论身处何地，境遇如何，
作为灵魂力量都会如影随形追寻而至，
幸福传承的不是楼宇房舍，不是某个家人，
而是家中的精神，凝聚的力量，深蕴的气节。
每个不同的时代，都将会赋予不同的幸福传承内涵，
我们会因为习惯阅读而得到平视世界的独到眼光，
我们会因为习惯阅读于升平气象中看到隐患风浪，
我们会因为习惯阅读于问题荆棘中看到出路希望，
我们会因为习惯阅读从历史幽暗中看到未来雄壮，
我们会因为习惯阅读从人性冷漠之中看到道德之光，
终究，家的百川归入国家之海，成就了这个时代的幸福观。

人是为了快乐地生活而活着

张　霞　集团总部

我们习惯了每一天都在忙碌，忙着工作、忙着学习、忙着生活、忙着人情往来……转眼间一年又一年，鲜有闲暇，更少有时间坐下来，想想为什么要这么忙。

最近，一个朋友被诊断出结肠癌晚期，刚到而立之年，3 岁的女儿需要妈妈一路呵护，厄运就这样毫无防备，突然袭来。忙碌的脚步戛然而止，她和单位请了长假，停下一切脚步，转身奔波于各个医院之间，四处打听哪家医院、哪个医生擅长做此类手术，开始放疗化疗……

一家人的生活从此不同。单位正是续签劳动合同的时候，因为她长期请假，单位决定和她不再签合同。因为一直身体很好，所以从未考虑过保险，忽然间没有了一个人的薪水，又多了这么多开销，家里每个月还有房贷要还，经济状况急转直下。80 后正赶上国家开始实行单独政策，双亲未来的日子该怎么规划……一切都是问题，都是无解的难题。

躺在病床上的她，回想自己这些年，忙着学习，考好大学、考研究生，在北京这个陌生的城市努力找工作、成家、买房子，一切按部就班，是一个催人奋进的励志故事。然而，瞬间一切都不同，她忽然觉得，这么多年，似乎还没有任性地活过一天，少有旅行、少有闲暇，每一天都忙碌、节俭，都在为了未来更好的生活勒紧了自己的腰带。

在她化疗结束后，病情稳定一些，我们十多个朋友一起去看她。我和她讲了一个很多年前我看到的一个故事，那是二战时一个士兵的故事。这个士兵本来有个相爱的女友，他们计划着很快就要结婚，然而战争来袭，容不得个人有任何选择，他被送上战场。在数次战争中，他心灰意冷，不知道这样灰暗的日子何时是头，他就这样为了活下来麻木地在战争中挣扎。在一场战役中，一颗子弹打中了他的右腿，截肢之后，他捡回一条命，因为他丧失了战斗能力，被送回故乡。终于，他和分别多年的女友团聚，他们结婚了，过上了平凡又难得的日子，他说，我们有时是需要一颗子弹的，让我们离开战场。我们劝她好好养身体，病好之后开始新的生活。

从她家出来，我忍不住流了很长时间的眼泪。我们都知道，也许，这个子弹的代价非常大。

我想起五年前离去的一个朋友。还记得我们初识时彼此都是初入社会的年轻人，她是中国政法大学的硕士，在单位里很短时间就成为笔杆子，做人热情坦荡，做事周到妥帖，在工作中如鱼得水，很快得到提拔。生活里她是个乐观开朗的狮子座女孩，有幸福的家庭，她不热衷于追求物质上的富有，房子车子都不在她的计划之内，一直在单位附近租房子，在北京这个忙碌的城市里，她每天都享受着边走路上下班边思考的乐趣。每一次我们在一起聊天，她都能带给我满满的正能量，我非常珍惜在单位里能够遇到这样一个贴心的朋友，一起分享成长的乐趣和烦恼。

就在听说她又一次升职时，本来想和她一起庆祝，却听说她请假了。那时我刚怀孕，我追问她是什么事，她坚持不告诉我，更不肯让我去看她。后来我才明白，她是不想让我在孕育一个新的生命时，看到她在人生最后一程的无奈。

等到我在家里待产时，我们通了一个简短的电话，她说你要好好孕育你的宝宝，这个生命因你而生。我们约定好宝宝出生以后，她也做完了手术，我们两个人要好好聚聚，一起逗孩子开心，那个时候，我们彼此的心情该是多么明亮。当时，我说你要早点好起来，好不容易奋斗到处级，其他岗位长时间空缺回来没处安顿。她说，亲爱的，一切都不重要，人不是为了工作活着的，是为了快乐地生活而活着。挂了电话，我久久不能平静，身体健康、家庭幸福，有什么比这更为重要呢？那些名利场上的尔虞我诈、此消彼长对生命来说又算得什么。没有什么事情是我们放不下的，没有什么日子是我们过不了的。看开就好。

两个月以后，我在家休产假，同事在电话里无意中说起她已离开的噩耗。那个夜好长好长，我坐在沙发上流了一夜的眼泪。回想起我们通的最后一个电话，那之后不到一个月她就走了，当时在电话里她没有向我感慨任何一点命运的不公和人生的无常，病痛折磨之下，她跟我说，名利都是身外之物，不值得我们计较，要快乐地生活。

在这个一切都很快的时代里，我们每一个人都过得如此忙碌，然而生命如此脆弱，未来都是未知数，每一点当下的幸福都得来不易，但我们却常常忽略珍惜。就在我们健康的每一天，无论如何，都应该学会快乐从容地生活，好好爱自己，关心自己的内心和灵魂，把每一天都过好，让这一次的生命过得值得！

优秀奖

生活中的婚姻

魏秀洁　杭锦能源公司

家对于每个人的感觉都是不同的，对于我来说家的感觉是踏实的。在我们平淡的生活中，每个女人都希望浪漫惊喜，浪漫足以让女人欣喜若狂，毕竟浪漫是每个女人一生都不会厌倦的主题。然而，我不会刻意追逐浪漫，不会因是否强求原本不浪漫的老公变浪漫而纠结不放来破坏家的宁静。也许婚姻生活让我变得俗气了，或者家的责任让我学会了妥协，但人是要学会长大，长大也许就是从天真烂漫慢慢转变成熟的一种过程，因为生活变幻莫测，充满无法预知的变化，既然选择了婚姻，就要有与之真心面对、为之甘心付出的勇气和决心。这是我对婚姻的感悟。

记得曾有这样一句话："婚姻犹如行驶在大海中的一条小船，有时风平浪静，一帆风顺；有时则会有风暴，遇到暗礁，只有划动包容的桨、挂起理解的帆，同心协力才能到达幸福的彼岸。"这句话虽然算不上经典，但是我非常赞同。在生活中两个人相处，不可能没有冲突，是人就会有意见不同的时候，我时刻告诫自己，在生活中，首先说话语气要好，好声好气比粗声恶气、恶言相向更容易达到和解的效果，而且常常事半功倍。

我是一个现实的人，因为我不相信电视或者小说中那种半碗粥的爱情，我认为半碗粥的时候出现的爱情在现实的生活中是不可能发生的，人的选择都是现实的，如果真有一天我就剩下了半碗粥的时候，我想除了我的父母之外没有任何一个没有血缘关系的人会跟我产生爱情，所以我现在选择的是进入柴米油盐、锅碗瓢盆的现实中去，这样我会感觉有安全感。正如人们常说的那样：如果把恋爱比作浪漫的小夜曲，那婚姻就是命运的交响乐，演奏着最朴实的乐章，谱写着平凡却醉人的家的温馨曲调。婚姻中炽热的爱情最终会被生活慢慢磨淡，彼此更多的是相互包容、相互尊重、相互理解、相互扶持和相互信任，它们构建了夫妻生活的高楼大厦，绘制了家庭和谐美好的彩云。婚姻是双人舞，一个人前进，另外一个人就要后退，这样才会舞动出和谐之美。

陌生男女，携手步入婚姻殿堂，源于一个字：爱。有爱才有家，有爱才会相濡以沫、不离不弃。一对男女步入婚姻的殿堂，他们要在同一屋檐下风风雨雨几十年，而且又有着各自的性格。当个性冲突时，往往带来了家庭的摩擦，很多家庭因个性冲突亮起红灯，曾经说过的海誓山盟，心中的相濡以沫，都会在一个长久的平淡中翻起波澜，那个时刻所有的所有将全部灰飞烟灭，有可能任何一个人的不忍让，都会造成分道扬镳的结果，此时，更需要彼此的理解和包容。高尔基说：“如果人们不会互相理解，那么他们怎么能学会默默地相互尊重呢?”理解与尊重是相辅相成的。爱情如水，婚姻似杯，当爱情沉淀的时候，当婚姻出现了波折，我们该轻轻地摇摇杯子，用理解和包容来沉淀。夫妻恩爱，关系融洽，是家庭和谐美好幸福的基石。其实爱就是一种欣赏，而欣赏的内涵是包容、信任、鼓励以及理解。人类爱情的最高境界，是回归到同甘共苦的亲情中，回归到共担责任的婚姻中。

其实，我在婚姻中会学到很多东西，比如包容和理解，是婚姻中最温柔也是最重要的部分。走进婚姻中的人，应该学会怎么品味自己的婚姻，怎么审视婚姻中的自己，再以充满欣赏的目光，去看跟你同甘共苦的另一半，你会发现，原来，婚姻也可在平淡之中美好。夫妻恩爱，有爱才有家！记住那份恋爱的纯真，不忘初心，方得始终！

优秀奖

我心中的幸福

——“国际幸福日”读《牵手幸福》有感

王美燕　神新能源公司

说起幸福，一万个人就有一万种幸福！

时光匆匆，脚步缓缓，不经意间已到天命之年。日月轮回，感谢少年里的空欢喜，让我成长；感谢岁月的流逝让我成熟；感谢生活的沧桑让我付出；我一直在感谢中享受幸福！

幸福到底是什么？在我而言，幸福就是能踏踏实实的接受生活，接受生活中的苦与乐、悲与欢、辛苦和闲适；我知道，我现在是幸福的，因为我的生活很踏实。

我是60后，生在动荡的“文化大革命”年代，学生时代不注重学习，工作的时候开始注重文凭了，经历了下岗浪潮，人到中年又赶上科技飞速发展的电子时代，在工作上我们要一直不断地飞奔，否则就被车轮碾倒。生活中的我们上要孝敬父母，下要抚育儿女，忙碌的好像没有时间去想幸福。

记得父亲在世的时候，家里的住房条件还不是很好，洗澡都是到公共浴池，有一次父亲去洗澡，不慎晕倒呛了水，当时父亲已是80高龄了，从医院回来后，我们就把家里的卫生间进行了改造，安装了淋浴，父亲虽然心疼我们花了那么多钱、又费了那么多事为他改造了淋浴室，但从他的眉宇间我看到了他幸福笑容。父亲戎马一生，晚年时生活不能自理，家里也不让请保姆，在他生命的最后二年里吃喝拉撒都要人服侍，虽然每天下班回来后都有一大堆尿湿的衣裤等着我，但有父亲在，家就是完整的，妈妈就是幸福的。

父亲已离世10多年了，妈妈现在也到了饮食起居需要儿女照顾的时候了。在我们家一直都是慈父严母，妈妈要强了一辈子，晚年也不曾有丝毫改变。好在儿子已上大学去了，为我腾出了时间可以照顾妈妈了。一日三餐尽可能变换着为妈妈调剂，晚上为妈妈洗洗脚，陪她看看电视，虽然她看的戏曲我不爱看，但为了让妈妈高兴，也假装爱看。都说老人如小孩，真的是这样。妈妈经常会莫名生气，有时就是故意找事，搞得我不知所措，她对我们一直都很严厉，她不理解现在的很多事情，我要是加班或有事外出，她就会认为我是不想照顾她而生气发火，现在工作的忙碌和压力她是无法理解的，要努力工作、要培育孩子、要照顾自己的小家，还要照顾年迈的妈妈，有时心里也很委屈，觉得很累、很苦，但看看妈妈那满头的银发，心中又充满了深深的爱怜，心中也就释然了。妈妈今年86岁高龄了，还能让我伺候多少年呢？

俗话说：妈在家就在。虽然有些辛苦，但很真实，真实的生活就是幸福的！我会在劳累的时候接到儿子问候的电话；我会在大年三十的时候操心置办年货和妈妈一起过年；我会在“母亲节”来临的时候想着要去为妈妈选礼物；我会因为看到妈妈灿烂的笑容而内心感动；那种感觉我感到很幸福！

我不羡慕名牌和高档，不羡慕不劳而获和享受，不羡慕高官厚禄，我有我幸福的定义。

读了《牵手幸福》这本书，我更有感触。“至繁归于至简”，在经历了繁忙、劳累、付出后，领悟到这层意思才把能把很多事看开放下，才觉得豁然开朗，才觉得其实幸福可以是这样的！

父母健在是幸福的；儿女平安是幸福的；爱人身体健康是幸福的；我

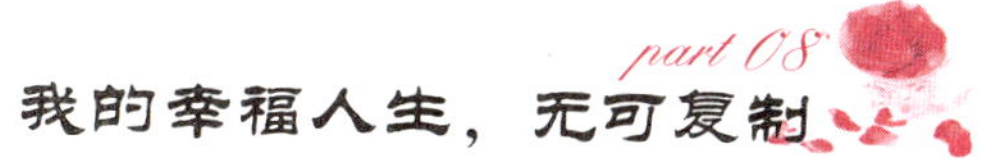

为人女、为人妻、为人母做的尽心尽力更是幸福的！

当我老了，回首往事，我不因贪婪享受而内心空虚；不因子欲养而亲不待悔恨一生；不因言传身教不当而失信于子女。我欣喜地发现劳累也是一种幸福，感恩更是一种幸福，幸福就是一种感觉，不需要别人告诉你，你感觉幸福就幸福！

优秀奖

吾安　君安

杨　洋　煤制油化工公司

开始注意自己的健康始于产后，一次偶然的机会听到广播里谈及中医养生，便开始对其产生了浓浓的兴趣，成了一个名副其实的中医脑残粉。

随着对中医养生的慢慢了解，让我有了对健康女性更深层次的认识。《黄帝内经》中说"形与神俱"才能够"尽终其天年"，健康如此，生命如此，人生修养亦是如此。"孤阴不长，独阳不生"，阴阳平衡的社会才是一个和谐安定的社会。我认为要成为一位真正有魅力、有影响力的女性，最重要的不是漂亮的外表，而是健康的身心、美丽的心灵和良好的修养。正如我们的人生是个套餐，不可单点一样，要想做健康的女性必须做到身安、心安、神安。

身安，一切皆安的基础。心安，人生才能安稳有方向。神安，方能不断完善自我、丰盈心灵，拥有足够的智慧。每个人都是肉体和灵魂的结合体，作为完整统一的人，我们离不开心理健康，更离不开身体健康。我们就像是一棵树，心理状态是开满枝头的花朵，而身体状态就是深埋于地下的根部，没有根，我们就无法拥有完美的生命。一个女人要美丽，首先必须是健康的，只有拥有健康的身体，身安了，她才有能力去追求更多、更美的幸福和喜乐，也才能更好地照顾家人，不成为别人怜悯的对象，不给身边的人增添负担。楚楚可怜的病态和令人一见便如沐春风的生命力，你更喜欢哪个？

不做盲目比拼的女汉子。作为现代女性，个性独立，好胜心强没有什么不对。职业竞争让很多女人不知不觉变得男性化，在与人争个高低的过程中常不顾及女性自身的特殊情况，结果损害了健康，得不偿失。女性的身体是柔美而精致的，要了解自己、关爱自己，从身体健康出发，给自己一个安康幸福的基础。盲目地、无谓地比拼，透支健康，透支生命，只会让我们失去人生最大的本钱。

爱自己是归位的根本。俗语云：女人十八一朵花，女人四十豆腐渣。较男性而言，女人更容易衰老。这跟女人的生命承担有关，养育子女，忙碌于家庭和工作之间，如果不懂得恰当地保养，就更容易衰老。然而，最经济健康的保养方式莫过于运动、阅读、保持身心舒畅及科学合理的食补。人的一生只有一个名字值得人终生相随，那就是——我。因此，要做懂得善待自己，用温柔包容一切，享受生活的美丽女人。

食养，爱吃要会吃。爱吃，或许是多数女性自我评价之一。“食”文化在我国更是历史悠久，源远流长。然而，对于现代女性而言，简单易操作，见效快方为首选。罗马并非一日建成。要想做到食养，首先要营养均衡，饮食有节制，不能放任自己的胃口和嘴巴。还要懂得利用食物的特性来改善我们的健康状况。每种食物的营养成分都不一样，它对我们的身体会产生不同的影响，要有针对性的，不能人云亦云。诚然，所有的食物都有利健康，都能养人，但不是所有的食物都适合你的体质和健康状况。可以通过各种书籍、媒体或是食养专家，准确分析出自身的身体特征，有针对性，并坚持进行。不排除有人天赋异禀，但我更相信天赋背后的坚持。相信经过一段时间，每个女子都能日日如新生，健康美丽，长久身安。

做有灵性的女子。灵性乃是女子神安的力量，是在是非争执时的宽容，在压力下的从容。灵性还是善良，是发自内心的同情和尊重。具有灵性的女子是智慧的，她们应是对生活有深刻的感悟，对人世有敏锐的洞察力。在她们眼里，生活不会是世俗的模样，也不会空虚单调，不是心思复杂，也不会是工于心计，而是在嘈杂中，仍能保持清纯的内心，有自己的为人原则，不强势，不霸道，看得懂别人的手腕和算计，却不会用这些去对待别人。丰富的心灵会让她们把精彩带到家庭、工作以及每一个有她们的地方。她们可以给一个家庭带来温馨，让工作充满和谐快乐，令友谊地久天长……令人“但觉风过群山，花飞满天，内心安宁明净却又饱满”。

只有女子身、心、灵都健康，才能真正拥有散发智慧光芒的爱，才能给家庭带来幸福和喜乐！使我们的父母有爱、子女有孝、丈夫有为。为此鞭策自己也希望我们都能做一个勇于担当，负责有爱的女子。吾安，君方安。

优秀奖

阳光女性，幸福中国

段才能　神新能源公司

说到幸福，我就会想起儿时，那时候生活在大山深处的煤矿工人，工作环境和生活条件都十分艰苦，生活必需的粮、油、肉、蛋全靠国家定量供应，小孩子们哪有什么像样的玩具，拥有的玩具也都是自己动手制作的，每天学校课间时间和放学后，撒着欢地疯玩，可谓快乐无比，若是再能吃上托人从大上海买回来的奶糖，就感到很幸福了。我家那时因为母亲极爱干净，勤洗衣服和被单，用水很多，而家里又没有上下水，用水都要一担一担的挑回家，脏水又要一盆一盆地往外倒，那时候的我想，要是能住上带有上下水的房子，不用挑水那该多幸福！若干年后，当我家真正拥有带上下水的住房，而且家具、电器俱全的时候，我却感觉不到什么幸福了。现在细想一想，原因就在于人的心态发生了改变，追求越来越高，变得不容易满足，变得“贪婪”了，所以我们感受幸福的能力就大大降低了。

平心而论，幸福、快乐的感觉，很大程度上与物质享受、财富、地位、权力并没有成正比增长的关系，幸福感由思想和心态来决定，知足是快乐和幸福的要素。人生在世，不如意之事，十之八九，这是不以人的意志为转移的，如果不具备快乐和积极的心态，女性朋友们就很难在生活中发现无处不在的美好事物。因此，现代中国女性，努力塑造知足、感恩、乐观、开朗的阳光心态，于已、于人、于社会，都是关乎幸福人生、和谐社会的迫切需要。女性个人的存在和发展，以及职业生涯更需要阳光心态，女性在家庭生活中不仅要做入得厅堂、下得厨房、才貌双全的佳人，更需要做一个能给家庭成员以温暖、不断为家庭注入正能量，激发无限潜能的阳光女人。阳光女人良好的心态，能够很大程度地提升女性的个人魅力，很好地影响个人、家庭、团队、组织，进而影响社会。

身处21世纪，随着社会的发展、进步以及物质生活的不断提高，人们对幸福的追求和定义也在不断提高、再提高……可随之而来的人心的愈加空虚，渐渐地演变出一些社会问题。人们不禁要问，幸福的真谛是什么？是无止境的追求财富、地位，而不惜牺牲陪伴父母与家人的时间及休息的时间？是“锦衣”、是“洋房”、是“豪车”？可真正的幸福似乎又不是这些硬性的指标能够定义的。现在在某电视台热播的一档相亲节目中，有年青的女性毫不掩饰地说：“我宁愿要坐在宝马车上哭的婚姻，也不愿要每天坐在自行车上笑的生活。”这是怎样一种畸形的价值观啊！虽然这仅是个别现象，但我们得承认，当今社会所呈现出的奢靡、享乐之风确实影响了一些人的心态。有人不惜为金钱铤而走险，而更多的人却是通过透支时间、透支身体健康为金钱不知疲倦地奔波、奋斗。始终无法到达一个停靠点。一个人的精力是有限的，身心俱疲的人哪来幸福可言。

我有一位朋友，夫妻二人都非常勤劳、能干，终日为自己的生意打拼，早出晚归是常态，无暇陪伴、照顾自己年幼的儿子。儿子经常一个人在家吃方便面。后来，儿子突发疾病，是不治之症，还未等成年就离开了人世。儿子住院期间，夫妻二人不惜血本挽救儿子的生命，可是无力回天。夫妻二人痛不欲生，看着电脑里漂亮的儿子、有模有样的书画作品，各种获奖的奖状和证书，想到本来二人辛苦打拼是为了给乖巧、懂事、学业优秀的儿子创造“无忧”的未来生活基础，为了这一目标暂时牺牲享受天伦之乐的幸福，似乎也值了，谁想到命运给了他们莫大的“嘲弄”，我这位朋友和妻子饱尝丧子之痛，放弃了苦心经营多年的事业，带着手提电脑里的儿子，过起了无欲无求、云游四方的生活。

朋友家的事催人泪下，知道此事的人无不为那个漂亮男孩的父母惋惜，我也因此事感触很多。

我也曾一度迷失在如今物欲横流的现实当中。每当听到或看到谁家的孩子考入了名校、谁家的老公多会赚钱，谁家又买了大房子，装修得如何华丽……我的心态就有些失衡。回家可劲地逼孩子学习，抱怨丈夫挣钱少。搞得自己一天到晚情绪低落、唉声叹气、怨天尤人。家庭也因此失去了往日的和睦。想到朋友家的事情，我开始调整自己的心态，想一想，自己家境虽不算富裕，但还算比下有余，为什么不应该满足一下现状，好好享受与家人相濡以沫的家庭生活呢？毕竟儿子一旦长大，羽翼丰满之后，就会像小鸟，飞向远方。到那时，一家人怎能像现在这样相守，不如现在细心去体味这舐犊之情……

说起来也奇怪，人的心态一旦改变，看问题和对待人事的态度，就悄然发生了改变，心里面的无名火自动地熄灭了，每当看电视新闻里，报道某某国家动荡的局势，无家可归的难民，就会由衷地感到生在中国这样一个统一和谐的国度是多么幸福，而作为一个普通女性，能够拥有一份稳定的工作，又有一份固定的经济收入，独立并且自由也是幸福的，而且只要自己努力，女性与男性同样被社会尊重，等等这些，无不使女性感觉安全和幸福。还有，我们儿子虽然个性倔强，不太听话，学业也不如人家的孩子优秀，但我也时常听邻里、同事及朋友夸他乖巧、有礼貌。慢慢地，我的心变得淡定起来，不与人家比孩子、不拿自己的短处与别人的长处去比较，久违的欢声笑语又回到了生活中。老公说我仿佛变了一个人，孩子与我的关系也不那么对立了，快乐的心情不期而至，幸福之情 油然而生。

幸福、快乐，除了心态阳光这一基本要素之外，还必须有健康的身体，否则再乐观的人病魔缠身，怎么可能感觉得到幸福呢？

2015 年夏天，我的老母亲得了绝症，看着饱受病痛折磨的母亲，看着医院里挨挨挤挤的各种病人，想起为母亲寻医问药的愁苦，从而进一步认识到：只有健康才是幸福的保障。我下决心在接下来的人生岁月中，将保障家人和自身的健康作为家庭的头等大事来抓。因为亲身经历和各种来源的信息，使得我深感生命的脆弱，深感面对有一些疾病医生的无奈和无力。

因此，要想获得幸福，不一定要多雄厚的物质基础，一杯清茶，一本书，就可以幸福满满。但前提是，拥有健康的身心。

在这纷纷扰扰的物质社会，淡泊名利、宁静致远，需要怎样深厚的文化底蕴？身体的健康则更多的仰仗于阳光的、健康的心态。所谓无忧一身轻。保持乐观向上的心态，可以使我们在逆境中也不丧失对生活的热情，能够自信战胜各种困难，不使自己成为工作的俘虏，金钱的奴隶，充分的体验生活，享受创造的乐趣。生活在人间，金钱和名声哪个是快乐幸福的核心元素？这是由你的心说了算，并不是世俗的界定，什么成就和“平庸”，唯有心的自由、快乐，才是硬指标。

所以我们要健康、幸福，要修得百病不侵之身，还得先好好修心养性，除去困扰于心的种种“杂念”，让浮躁的心沉下来，潜心于工作，细心体味人生的美好，照顾好自己与家人，尽可能远离病痛，平安、快乐的安心于普通的生活，平凡的工作，不奢求荣华富贵，幸福快乐的感觉将时时伴随着你。

智慧的当代中国女性，拥有了阳光的心态，就像拥有了开启幸福大门的金钥匙。明媚的阳光将会驱散所有的阴霾，照亮你的心，引领着你到达幸福的乐园。

女人，你要活成自己喜欢的模样

乔明芳　地勘公司

做一个内心圆润、饱满、有光泽的女人。在生命的光阴里，喜欢自己这样的模样，在喝茶品茗的时候，被柔柔的茶香浸润；在读书写作的时候，被淡淡的书香浸润；在挥笔习字的时候，被浓浓的墨香浸润；在为家人烹制菜肴的时候，被温馨的饭香浸润，发自内心流溢的快乐情绪，好像身前身后流溢的万千芬芳，全是热爱生活的丰富表达，全是历经纷繁生活的智慧和懂得。

女人要活成自己喜欢的模样，理想生活的模样，需要女人依靠自身的艰苦努力和丰富的精神内心。展现只是一瞬间，积淀却需要很多年，时间是打磨美玉最好的朋友。

女人真正的圆润与饱满是内心的光芒。

有这样一个故事：

一个名叫 Lucie Rie 的奥地利维也纳女子，她一生只钟情热爱陶艺，把陶艺当作生命的全部意义。20 岁的时候，她在维也纳工艺学校学习，一次偶然的蹭课让她接触到陶艺，从此她整个人就像入魔般着了迷，从此终生从事陶艺创作。一张又一张的设计图纸，一个又一个的艺术构想，对陶艺的疯狂痴迷，使她日日夜夜跟这些瓶瓶罐罐较上了劲。仅用了 3 年的时间，她就把自己的梦想展示，于1936年开设了自己的第一家工作室，这在当时，对其他手艺人来说简直是不可想象的。从20岁开始的60多年时光里，她用生命中最美的68年岁月，投入到对陶艺的专注与执著中，从一个端庄美丽的女孩，到满头白发的老人，她只做了一件事——陶艺，直到88岁中风才不得不停止工作。

她说："做陶时，就只是做陶，如果你硬要把它塑造成什么，往往会得不偿失。我有的只是对美的追求，这就是我的哲学。"

每一个女人都有自己的梦想，都有美丽的方式。

Lucie Rie是一名陶艺匠人，在她眼里，创造就是顺从材料的意愿，将发现的美表达出来，让更多的人看到、听到。

她用一辈子的时光只做一件喜爱的事情，活成自己喜欢的模样。

一个人的内在精神，被她的作品诠释与表达。一个人的专注与热爱，通过作品在世上留下印记。

Lucie Rie，这个美丽而独特的女人，一生活成了自己喜爱的模样。

女人内心的芬芳，珍珠般的光芒，温润、极致、永恒，魅力四射。

我的一名女友，她数年来把自己的时间和精力全部投入到写作中，20多岁的时候，她写诗，30多岁的时候，她的诗歌已经在《诗刊》、《星星》、《人民文学》上多次发表，接连不断出版诗歌集、散文集、摄影集。她笔下的陕北是这样的炽热："没有一双手如此粗糙，一摸就摸出我的陕北；没有一张脸如此憨厚，一看就看出我的陕北。"

她是一个热爱生活，用笔呈现火热沸腾的陕北生活的女子。拦羊的老汉、擀毡的匠人、剪纸的妇女、扭秧歌的老人，一幅幅来源于现实生活中的真实场景，在她的笔下还原真实和温暖。对生活持续的热情，对生命始终的尊重，在她的摄影机镜头下闪光，勤劳朴实的陕北父老乡亲，流动着血浓于水的亲情。她一个人走进沙漠，一个人走过黄河，一个人去过北极漠河，她带着自己作家天生的敏锐捕捉能力和丰富情感，把深深的爱意和善良通过作品传递和表达，真正活成了自己喜欢的模样。她携诗歌起舞，走着走着，慈祥的老人和阳光就融合在了一起，走着走着，笑声就穿过故乡的云朵，把一个淡然清雅的女子形象丰满，在摄影镜头下展示生活原汁原味的真实和美，温暖的气息，把心灵的歌声传递。

在时光的流转中，有多少个女子的梦想还依旧淳朴并坚持着快乐着。生命仅仅是时光，经历它，热爱它，享受它，我们会深深感知，穿过岁月和风霜，哪管是双眼一眯的笑容，仍然明亮而温暖，我们对热爱的痴情依然如故，我们的笑声依然如朗朗满月，永不疲倦，春风满面。就像心若能看得见，绿萝缠绕，枝蔓依恋，情意洋溢。而我们，依然是岁月中那个还心怀梦想的女子，内心如丝绸般柔软光滑，笑容如水滴般从容优雅，一跃而过思想的狭隘，仿佛音乐流淌，始终是最初的模样。每一天，和岁月温柔相待，用读书和音乐温暖自己，用踏实的付出感受生活。祝福自己拥有心灵的饱满，被一段良缘拯救，被一份爱意浸润，因爱生爱，不觉辛劳，这才是女子真正的修养，是女人内心的无限温柔，流溢于外表是祥和大气，真正活成自己喜欢的模样，愈芬芳愈持久，原汁原味。

优秀奖

感知幸福

张秀兰　神新能源公司

天地间有一种东西叫雪，从天而降，落地而化；人世间有一种东西叫爱，自吸引中诞生，升华中融合；工作闲余看了看《牵手幸福》，从中感悟点滴。原来幸福也可以是一种生活的方式和态度。我们每个女孩子都是美丽的天使，都该感受到生活的幸福，让自己活的潇洒，过得快乐，让自己的人生更加丰富多彩，绚烂多姿，让自己简单着、幸福着。如同我选择神华，选择新疆，选择自己想要的幸福生活……

依稀还记得自己独自背起行囊踏上西去列车的那一幕，父母在车窗外渐行渐远，句句嘱托犹在耳际，即使不舍恋恋，但想着自己即将成为神华人，成为神华的一分子，一种油然而生的自豪感和荣誉感悄然涌上心头，想象着自己面对的将是怎样的生活，怎样的天地，无限向往的边疆异域风情真的就要展现在自己的眼前了，起伏不荡的心伴随着蜿蜒前行的列车一起激动着、期盼着、遐想着、也憧憬着……

8 月的新疆骄阳似火，炙烤着广袤的大地，空气也似着了火一样贴在身上，就在这样一个热火朝天的氛围里开始了我在神华的新生活，紧张有序的培训结束后我被分到洗选中心准东选煤厂，位于新疆吉木萨尔县城以北 100 余千米的古尔班通古特沙漠之中，感觉一切都是那么的新奇那么的陌生……一时的不适应再加上心理错觉上的落差感还是让我纠结了好一阵子。

难道是自己想得太美好了？看到情绪逐渐低落的我，一起工作的老师傅给我讲起了他自己，我就像当初来时的他，一样心存梦想，一样想着能打拼一番天地，但更要脚踏实地，神华的今天是无数个曾像我一样有抱负有理想的老一辈一点一滴的铸就起来的，是什么使他们愿意去干，愿意去付出，愿意把自己的青春奉献给神华事业的，是神华人的一种信仰，一种奉献精神，以及他们传承下来的一种使命感、荣誉感和责任感，你放眼望去，戈壁滩不就是这样的一片热土吗？听到这里我的心热了，自己也在农村锻炼过，作为一名大学生村官能生活在这样一个有共同使命感的大家庭里，我该是多么的幸运和知足啊！接下来的日子里，在厂区领导及同事们的关心和帮助下，我和大家一起吃、一起住、一起劳动，拼搏着、奋斗着、洒着汗水共同浇灌着我们的梦想之苗，书写着我们与神华共同成长的日子。

经历了，成长了，我也迷恋上了戈壁滩，享受着戈壁滩上独有的生活和风景。夕阳西下的时候，天边的太阳就像是正月里家家户户挂的大红灯笼一样悬在尽头，霞光四射，整个厂区浸润着晚霞的光辉，走在路上，清风徐徐吹过耳际，眼前不再是戈壁滩的荒凉和寂寥，有的是行走在霞光余晖中的静谧和惬意，也就是在那一刻，我的心才真正地静下来，与浸润着我的清风、霞光交融在一起，感知大自然的无限魅力，也深深地体会着此时身心的清新和舒适，似曾又回到了快乐的童年，简单着，快乐着……

其实幸福就是这么简单，它不是奢侈品，而是必需品。我们每一个人都需要它、追求它。幸福从未曾远离，只要你用心体会，幸福就无处不在。它往往就在你一拿一放间，有时也存在于你那温暖的心田。它来源于我们内心深处的感悟和释放。幸福需要我们用心感受，无论我们何时何地，只要自己感觉幸福，就是幸福的。这种感觉与财富、地位、美貌都无关，并且这种感觉不能复制、不能继承，也是永恒不变的。

当下的幸福，需要我们把握好今天，忘记曾经的过去，憧憬着美好的明天。珍惜拥有的，“宠辱不惊，闲看庭前花开花落；去留无意，漫随天外云卷云舒”的恬然自安的心境。

幸福更是一种爱。无论亲情，友情，爱情，或是博爱，都是幸福的源泉。

今天的我就在感知着这份幸福，并把这份幸福的点滴写下来，留作美好的回忆，更是感恩生活，感恩戈壁滩上这份独有的生活和别样的风景带给我别样的快乐，别样的幸福。

神华给予的，戈壁滩给予的，工作给予的，生活给予的，还有自己给予的，用心感知，你也一样都在拥有！

Part 09

生命源于坚强

生命源于坚强

王素花　乌海能源公司

不想走动，随手将杯中的剩茶水倒在窗台上的一个花盆里。盆中是父亲给移栽的一颗芦荟，栽植后叶片却一天天萎缩变黄，看起来已经没有了活的迹象，也就好久不再浇水打理了。但就是这出于懒惰无心的一个举动，几天后突然发现，原本已经枯黄的叶片居然出现了绿色，一种惊喜顷刻从心中升起，同时也对芦荟坚强的生命力感叹不已，我紧急给芦荟补水。

这是怎样的生命呀！在因渐渐失去光彩而失去关注，走向衰亡的时候，它却抓住这一点生命源泉，几天的工夫将生命再次延续，蓬勃生长。

我看着这颗重新焕发生命光彩的芦荟忽有所悟：其实，生命来自于坚强。

植物如此，人亦如此。

一个人从来到这个世界之后，每天都要和坚强相依相随。我想，如果可以选择，每个人都想过得悠闲、轻松、快乐，没有病痛，没有哀伤。但从出生开始，或是自身原因或是生长环境原因，每天都在情愿或不情愿中做着想做、不想做的事，忍受着与亲人别离相思的愁苦，忍受各种病痛的折磨，这些都必须依靠坚强，去努力、去克服、去挑战、去奋斗，只有这样，才会留住生命，创造生命的精彩。

坚强是人生的必须；坚强是精神的支柱；坚强是跨越坎坷的信念。

很喜欢《钢铁是怎样炼成的》里的主人公保尔·柯察金，他靠着自己的坚强、拼搏、坚定不移的信念，向我们展示出他曲折却又辉煌的一生。

他的一生曲折、坎坷，从小就在社会最底层饱受折磨和侮辱。后来在朱赫来的影响下走上革命道路。其后他经历了一系列的人生挑战使自己越来越坚强。即使在伤病无情地夺走他的健康，使他不得不卧在病床上时他仍不向命运屈服，而是以顽强的毅力进行写作，以另一种方式实践着自己的生命誓言。他也曾一度灰心丧气，想自杀，但坚强的革命信念又使他走出了低谷。正如他所说："人最宝贵的是生命，它给予我们只有一次。一个人的生命应当这样度过：当他回首往事的时候不会因虚度年华而悔恨，也不会因碌碌无为而羞愧；这样在他临死的时候就能够说：我已把我整个的生命和全部精力都献给最壮丽的事业——为人类的解放而斗争！"

"为人类的解放而斗争"这个坚强的革命信念，让他度过了一个无憾的人生。

生命的意义就是在于我们如何坚强地活。

人的一生都在坚强中度过，追求是坚强，自爱是坚强，努力是坚强，正直是坚强，善良是坚强，怜悯是坚强，在困苦艰难中不放弃自己，是真正的坚强。在生活中总会有难以逾越的沟坎，坚持坚持，就过来了。不要羡慕别人，不是每个人都那么完美，只是你没看到罢了。再苦再累，只要坚强地走下去，属于你的风景终会出现。人生就是一场漫长的对抗，有些人笑在开始，有些人却赢在最终。命运不会偏爱谁，就看你能够追逐多久，坚持多久。

坚强，是我们活着的状态。

我们不是很完美的人，但我们要接受不完美的自己。在孤独的时候，给自己安慰；在寂寞的时候，给自己温暖。学会坚强，学会独立，告别依赖，对软弱的自己说再见。生活不是只有温暖，人生的路不会永远平坦，但只要你坚强地去面对、去挑战、去迎接，对自己有信心，知道自己的价值，懂得珍惜自己，世界的一切不完美，便都可坦然面对，每个人的生命之花，都可以开得灿烂而又绚丽。

一颗小小的芦荟，用它坚强的生命力感动了我，让我彻底明晰：生命源于坚强，生命需要坚强，生命因坚强而美丽，生命因坚强而精彩。

优秀奖

友情使他们更加坚强

——读《年轮》漫想

张蒙玲　乌海能源公司

近日，用了一星期的时间，静静地坐在书桌前读了梁晓声作品《年轮》，追随着他们的脚步，感受着他们的友情、艰辛、失落、迷茫和热血沸腾。他们人生最美好的时光已经过去，他们用自己的青春，凭着坚忍不拔的意志，顽强地与命运抗争，用自己的智慧、自己的鲜血，谱写着一代人壮美的人生。

书中以王小嵩、徐克、吴振庆、韩德宝、郝梅、张萌六位曾在北大荒上山下乡的知青的人生道路为主线，演绎了一份属于知青的人生情感和时代精神，一群20世纪50年代出生的人，在那个单纯而又繁复的年代里，重情义、讲人品，王小嵩、吴振庆、徐克、韩德宝、郝梅、张萌六人在时代的大背景下有了各自不相同的命运。

书中自始至终充满着浓浓的友情，合上书，一幅幅充满友情、温暖的画面浮现在眼前，在北大荒，在森林里，又渴又饿的吴振庆背着昏迷的张萌艰难地走着；在北大荒，在一个寒冷的冬天，韩德宝拄着一根大木棍，顶着西北风在雪地上走，还伴随着狼嚎声；徐克骑着自行车一次次地摔倒在雪地上；吴振庆骑在一匹无鞍的马上，那是他们送王小嵩上大学时的情形；在那些个寒冷的岁月里，他们互相温暖着走过了人生的风风雨雨。

静静地读着，品味着书中人物的经历和友情，使我深受感动和渴望，在那个彼此温暖依靠的年代，在动荡的“文革”中，他们彼此支撑、彼此照应、温暖着挺了过来。当郝梅的父母被都被送到干校去时，王小嵩慈祥的母亲收留了无家可归的郝梅，给了当时柔弱、无助的郝梅温暖和家的关爱。郝梅的孩子芸芸有病后，他们所表现出来的那一份份担心和责任，在郝梅的孩子去世后，在她最孤独、无助的时候，有老潘对她无微不至的爱和关心，使郝梅对生活有了新的认识和希望，有老潘和吴振庆他们对郝梅的好，使可怜、无助的郝梅重新站立了起来，成为一名作家。

到了 20 世纪 80 年代，他们 6 个人有了不同程度的变化，有当老板的、有当作家的、有当警察的、有出国的、有当息爷的，他们中的每一个人都是善良、有担当、有感恩之心的人，书中人物性格鲜明，爱憎分明，吴振庆，自始至终充满责任感和使命感的爽直男人；王小嵩成熟稳重、性格内敛；郝梅，恬静素美而又坚忍顽强的女人；韩德宝憨厚、踏实乐于助人；但是无论生活咋样改变，他们之间真诚的友谊永不变色。当韩德宝以身殉职，几个从小一起长大的伙伴又凑在一起，远在日本的王小嵩也特意赶来，加入到为韩德宝送葬的行列，王小嵩、张萌、徐克决定加盟到庆北公司与吴振庆共创大业，这时他们的友情又有了特殊的意义。

在书中的旁白有这样一个见解，对于共和国同龄的一代人来说：“也许，只有友情是时代馈赠给他们的一份遗产。”他们依靠着这样一种友情走过人生的风风雨雨，这种友情已经结晶在他们人生经历的年轮里。看完这本书，感受颇深，人与人之间只要彼此用心去经营友谊，真诚的友谊都会结晶在他们的年轮里。和他们比起来，我们现在的年轻一代都没有经历过那种饥饿、慌乱、难熬的年代，我们过着安定、安逸的生活，很难想象在那样艰苦的日子里，王小嵩他们是咋样熬过来的。读完《年轮》之后，使我深切地认识到，正是有父母对他们的爱护、同学之间的爱护、从小的玩伴之间纯洁的友情，才使他们彼此温暖着、鼓励着走过一年又一年。

无论是在安逸还是动荡的年代，都需要友情，需要人与人之间的坦诚相待、心心交往。在工作中有互相帮助的同事，在生活中有倾诉心事的交心好友，友情对于我们来说是愉快，是欢乐，是幸福。它会使我们的人生感到充实、和谐。有了它，我们就不会孤独；有了它，就会使我们的人生变得更加有意义和价值。友情是一张明镜，使我们在彷徨之中增加信心，在困难之中见到希望，在黑暗之中照出光明。

优秀奖

在27岁时写给23岁的自己

付志洁　天津煤码头公司

23岁那年，我背起行囊告别大学学园，离开熟悉的环境来到了现在这座城市。我知道现在的自己是再也回不到23岁的岁月里了。可是倘若有机会，我是多么希望能让23岁的自己在一个晴朗的午后读到这封信，并且多么希望自己能够将它读上好多遍，但这样的场景或许只会发生在奇幻电影中。27岁的我坐在这里，一字一字写下给23岁的自己的文字，当文字就这么不停地落下，周遭的景致便不停变化，有的记忆会消失，有的记忆会莫名浮起，多希望未来的自己游回这4年的时间河流，和当时的自己长谈。

我想告诉自己的第一件事是：身体是你最宝贵的、首要的一切。未来我所拥有的时间不是无限长，最有想象力的那些创造需要的是彻底不被打扰的时间，而保有完美的身体，将会始终保证能够将自己的最好的时光都用在最美好的事情上。工作后的自己还是没有能够坚持每天锻炼身体，周末的清晨还是用来补充睡眠。Hello，23岁的自己应该每天跑步，为了提醒自己养成这个良好习惯，用一个专门的本子记下自己每个月跑的公里数，每页一个月，每行一天，那么在27岁时，你就会有一本写满了跑步公里数的本子，而4年间，你会至少跑过3000公里。如果我做到了，那么在试着去完成别的事情的过程中，这件事情会给自己很大信心。

我想告诉自己的第二件事是：不管做什么事，先努力三年。已故管理学权威彼得·德鲁克在他的著作《职业者的条件》里告诉我们：“每三年或四年，我就会选择另外的主题。这些主题非常丰富，包括统计学、中世纪历史、日本美术、经济学等。只学三年，虽然不能彻底掌握这个领域，但是足以了解这个领域究竟是什么。60 多年间，我就这样每隔三年或四年改变主题，坚持学习。这种方法不仅为我积累了相当丰富的知识，它还使我具有了开放性的姿态去面对新的主题、新的视角，以及新的方法。那些能够实现目标的人他们有个最大的共同点，就是认识到持续的学习是生活的一部分。”23 岁时，我并不知道“三年”会有什么意义，但如果 23 岁那时的自己坚持做一件事情比如每日写一篇工作日记，做到 3 年，那么现在的我便能够体会到“三年”的意义，对于工作的把握更能够立竿见影。任何习惯都是这样。许多事情仅仅通过眼睛看还无法拥有，如果想真正将其据为己有，通常需要三年的时间。

我想告诉自己的第三件事是：努力做好这四点，让自己工作效率翻倍。四年前的自己初入职场，有认真的态度去面对工作，但是有时会不知道如何开展、如何利用时间、如何提高效率。27 岁，在财务岗位上已工作近 4 年，回看以前的工作轨迹，看看会觉得如果时间回到 23 岁，我会有一种更好的表现。首先，那时的自己会先确定自己的主要工作是什么之后，这样才知道要怎样做才能让自己所做的贡献最大化。第二，我会用现在所学的思维导图去勾勒自己的工作全景，解决工作难题，例如先找到问题中心点，再拆解问题，最后试着去回答被拆解的问题。第三，我会用时间管理的方法，去记录学习工作的内容，让时间掌握在自己的手上，了解自己 4 年的生活轨迹，更能很好地利用时间。最后定期回顾一段时间后做的工作，一方面是看看自己这段日子都做了些什么，另一方面为自己后续的工作生活做出合理安排。

我想告诉自己的第四件事是：生命是一种长期而持续的累积过程。27 岁的我明白了，我能对这个世界所产生的有益贡献，就是以自己的方式所积累的，而我从这个世界所获得回报，是由积累的质量决定。所以，在我 23 岁时，甚至更早的时候，自己就应该已然找到一个你能够积累的方向，也可以说成是兴趣的。然后接下来所做的，就是让这个方向上所有的信息都尽可能多的汇聚到大脑中，记忆或者说潜意识就像一片大海一样当然是能够装下这一切的。然后，想象从20000米的高空俯瞰大地，大地上是日复一日所积累的信息，然后将他们分类，合并，丢弃那些质量低劣的。自己见得越多，就越明白什么算是质量低劣的，也就必然丢得越多。积累某个方向上的信息量是自己一辈子的工作。

27岁时的我虽不能再回到23岁的时光，但是我也在成长的道路上，努力发掘出生活最好的味道，让自己的工作、学习以及生活更加精彩。

优秀奖

女人四十

楚远丽　四川能源公司

曾在某本书上看到过这样一句话："女人，四十岁前的容貌是父母赐予的，四十岁后的容貌是自己修来的。"深有同感。有些女人，明明五官精致，却毫无亲和力；有些女人，虽相貌平平，但浑身的书卷气让人感觉涵养丰富，温润如玉，气质难掩，充分诠释了"腹有诗书气自华，最是迷人书香女"这句诗词的美好意境！

爱书的女人是沉静的、宽容的、富有内涵和责任感的，四十岁的女人更应该多看书、看好书，有书为伴的女人内心世界非常宽广，充满着母性的温暖，她们本身就是一本有益而耐看的好书！

四十岁的女人，有人觉得尴尬，人老珠黄，上有老下有小，没有了年轻人的朝气，只能静待年华逝去。然而聪明的女人怎会轻贱自己的人生，四十岁正是她们绽放的年华，心若年轻，则岁月不老！

四十岁的女人，虽然褪去二十岁的娇羞、三十岁的俊美，已然收敛锋芒，变得大方、成熟、稳重、世故却不圆滑。她们不一定要追求多高的学历，却尝试着翻遍能让她们内心丰满的读物，与人相处间多了一份内敛，不再咄咄逼人，也不会把自己的意见强加于别人。她们会站在别人的角度思考问题，真正懂得感同身受的意义，做一个忠实的倾听者，不时给出自己理性的建议。她们带给与之相处的人是没有压力、舒服的感觉！

四十岁的女人对自己，虽然也想拽着青春尾巴不放，却不会过度在意容颜是否老去。她们欣然接受自然的法则，明白自己只是时间长河中的一叶飘萍，再鲜艳的花总有枯萎的时候，她们不会把大把的时间浪费在留住青春的工程上。她们知道自己想要怎样的生活，她们不会为了留住某个人而迷失自我，她们在精神上永远都是独立的。她们懂得感恩，懂得珍惜拥有，在平淡而安宁的生活中让自己优雅的老去！

四十岁的女人对朋友，少了年少时的仗义豪情，却多了一份如家人般的关爱。她们深知，岁月沉淀，留下一二知己足矣！高兴时有人分享，落寞时有人倾诉，因而珍惜，哪怕对坐无言也不觉尴尬。朋友到此，已是一生！

四十岁的女人对家庭，是精神的家园，忠诚的守护者。她们受教于一代无好妻三代无好子的古训。这时候的女人最懂爱最懂情，她们不会在男人面前聒噪，她们识分寸、懂进退，知道给男人留出足够的空间；四十岁的女人不会翻看男人的手机到底藏有多少秘密，她们坚强而自信，与其做莫名的争斗不如认真经营自己，握紧手中的风筝线，她们的怀抱永远都是男人最安宁的港湾！

四十岁的女人，是女儿、是媳妇，是父母的依靠。昔日的保护神日渐衰老，曾经坚实有力的臂膀已不再，曾经矫健的步伐已变得蹒跚，看着父母的满鬓白发，她们不时会生出子欲养而亲不待的惶恐。于是陪伴成了她们反哺的最好见证。工作闲暇之余，常会看见她们陪着父母在公园、在林荫间散散步、话话家常，那样的画面充满着沉静、恬淡、庄重的美！

四十岁的女人，不能让自己荒于学习，时尚的、娱乐的、时事的都可以，为的是能与孩子有共同的语言，找到与之沟通的路径，她们会用智慧引导孩子健康快乐成长，她们不做孩子的主宰者，而与自己的孩子像朋友一样相处着。她们知道，一个文盲似的母亲迟早会离孩子的世界越来越远！

四十岁的女人对工作，少了年轻时的大胆、浮躁，却越发的沉稳老练。这时候的女人在工作岗位上都是能独当一面，甚至担当着重要的角色。她们深爱着默默奉献了多年的工作，虽谈不上挣了多少，却让自己找到存在的理由和自我价值的体现。她们宽容、大气、会善待新人，会把自己多年的工作经验悉数传给新同事；她们不怕竞争，且深谙优胜劣汰的规则，人生的历练已让四十岁的女人变得宠辱不惊，全力而为何惧失败而归，整装前行，一路风光依旧！

女人四十，年华未老，人生正好，切莫虚度！

优秀奖

天生女才必有用

——做内心强大的女人

张立鹂　北电胜利公司

“净心守志，可会至道，譬如磨镜，垢去明存，断欲无求，当得宿命”，很喜欢这段话，作为女人，这是生活的坚持。卡耐基写给女人的一本书《做内心强大的女人》其实不仅仅是女人，每个人在读了它之后都会有启发和收获，全书通过小故事、小事例的方式，分成八个章节从不同侧面，为我们提供了精神指导。无论身处怎样的环境，要不断锻炼自己的心性、注重自我修养和精神的塑造，做一个充满正能量的女人。

掩卷沉思，泱泱中国，上下五千年辉煌，曾涌现多少秀外慧中、风姿绰约的巾帼英雄：女词人李清照，她的词以靖康之变为界，分为前后两期，前期诗词表现了她的贵族少女、少妇的生活，是一种悠闲、风雅的情调，后期多写对国事的忧思和生活流落的痛苦，反映的爱国之情颇为浓烈，词意含蓄蕴藉，表达了女词人一生的忧国之忧；西汉“落雁”美女王昭君，慷慨应诏，肩负着汉匈和亲之重任，别长安，出潼关，渡黄河，过雁门，凭着美人独有的勇气和洒脱，使得汉匈两族团结和睦。国泰民安，昭君出塞，带着中原所有的文化，所到之处无不春暖花开，太平盛世。作为女人，王昭君无论从外貌、气质方面，还是从品格、魅力方面来讲，被誉为美人当之无愧；代父以从军的中国古代女英雄花木兰，更是一位妇孺皆知，家喻户晓的巾帼英雄，她的故事，也是一首悲壮的英雄史诗。千百年来，花木兰一直是受中国人尊敬的一位女性，因为她勇敢又淳朴，她的精神激励着成千上万的中华儿女保家卫国。

如今，我们作为新时代的女性，如何在遭遇困境时不逃避，不退缩，寻找一种正能量。激励自己，温暖他人，这正是我们应该思考和领悟的人生智慧。这种正能量往往体现是在对待自己，在对待他人和对待生活的态度上，唯有懂得自我安慰和欣赏，善于鼓励、赞赏他人，保持平和与淡然的心态，才可以让我们广大女性朋友在漫漫人生路上不断丰富和强大自己的内心，快乐自在的生活！卡耐基先生的书，犹如一盏明灯，给我内心以启迪，给我前路以光亮，心怀希冀，磨亮人生，做最好的自己，做明媚的女子，不倾国，不倾城，以优雅的姿态去面对人生路上的坎坷。

俗话讲得好，开卷有益，我们在读书的过程中，也在不断品味思索这人生与幸福，那么，女人的幸福是什么呢？我说，幸福是一种心境，一种自我的觉悟，那些经历过风雨的女人们，才会品出幸福是经历一番彻骨寒，才有梅花扑香的产物。所以，在任何时候，都不要抱怨生活，学会坦然面对挫折，以一颗沉着的心从容应对生活的各种苦难！女人要学会自立，不仅要在经济上独立，更要在思想上独立，不依赖别人，通过自己的努力不断学习、努力做事，才会打造完美的自己，达到人生的目标，让所有的女子都做一个内心宁静永远坚强的女人吧！让生命之花越开越绚烂！

Part 10
我的神华我的魂

三等奖

朴实无华的人生魅力

——记公乌素质量管理站化验班长路俊英

王盛喜　乌海能源公司公乌素质量管理站

在质量管理中心公乌素质量管理站，有这样一群女性：她们把知识和实践，做成两个车轮，飞驰着，向心中那神圣的目标进发；她们把光和热，燃作火焰，飞扬着，在岁月深处留下异彩；她们为公司质量安全坚守“边关”，她们就是化验室的女化验员们——而路俊英就是她们的班长。

同事眼中，她像一朵四季常开的紫罗兰，无限芬芳，令人欣赏！同事们更加欣赏的是她的性格，温柔而不失刚强，美丽而大方得体。走到哪儿，她就把欢笑带到哪儿；和谁相处，都让人感觉如沐春风，舒服愉悦。每天上班走进化验室，同事们一定能看见穿梭在一行行摆放整齐的设备中间的那个柔美而干练的身影，干净朴素的工作服，掩不住她的飒爽英姿，为严谨而又平凡的工作平添了一丝温柔的美丽。

她每天上班的第一件事，总是到化验区巡视一遍，伴着晨曦走着、看着，成了枯燥的化验室里一道亮丽的风景。

煤质化验是质量管理站的重要敏感岗位，路俊英在班组管理中长期坚持三条原则。把各项化验制度作为开展工作的标准和依据，在操作中推行准“军事化”定置管理，确保制度执行不折不扣、操作程序规范到位、方法数据准确无误。每天她都会对收到的即将化验的煤样进行外观目测，并随机抽样检查，做到心中有数。在化验过程中，如发现异常，采取一人化验、另一人复核的方法，形成相互监督的工作机制。每份化验结果出来后，她会把化验数据和早上的目测结果进行比较，以防出现“串通”化验、做“人情样”的情况。在化验工作中，坚持对供煤方做到以准取信、以质保信，受到站领导和同事们的高度评价。

没有利用班长的权利强迫大家做什么，没有豪言壮语的鼓动大家奉献什么，她总是走在前面，率先垂范，带着大家认认真真地工作，正是这样，凝聚了人心，带领出了一支优秀的团队，每个人都不会说什么，但是每个人都紧紧地跟随者她，在平凡的岗位上默默地奉献着。

煤质化验要根据来煤情况随时开展工作，加班加点是家常便饭，更躲不开脏和累。尤其是近年来的煤炭市场形势严峻，为保证厂矿的正常生产，提供科学准确的数据，化验的工作量和压力明显增大，自 2010 年担任班长以来，她几乎没有休息日，天天都是在岗位上度过的。为了工作，我们每个熟悉她的人都清楚：人手缺，她时时充当着一名普通的化验员；任务重，她给自己制定了苛刻的工作计划，马不停蹄地四处奔忙；时间紧，加班就成了家常便饭。她不仅只操心化验班组，站里的其他工作她也是当作是自己的本职工作。记得有一次下水道堵塞，导致大家打扫卫生时，得一桶桶往外倒水，非常不方便；她主动让自己的丈夫去找了疏通机，夫妻两人一遍又一遍地疏通，下水道返上来的难闻的气味并没有让她放弃，坚持着干了两个小时，当班的同事看到这种情况都主动帮忙，终于疏通了下水道。全站员工都向她投去敬佩的目光。她从去年身体状况一直不好，家里人劝她换个轻松的岗位，但她还是选择了继续坚守。

不少人问她图的是什么？她这样响亮地回答：图的是对这个岗位的热爱，图的是要为能源公司牢牢把好煤质管理这道经济大门的责任感和使命感，图的是一名普通的职工无愧于国家、无愧于企业的忠诚之心！

她将自己的责任感、热情、智慧和心血几乎全部奉献在了工作上。2014 年年初，班组面临任务重、人员少的困难时，她没有退缩，没有给领导讲条件提要求，而是不厌其烦、有条不紊地安排着班里的每一项工作。每天提前到岗，为当天的质量工作把好第一关，从不例外。在她的带领下，班组人员都个个表现出务实、创新、争一流的工作作风和干劲。化验室在她的管理下，已是一个集体凝聚力强、业务能力强、综合素质高、质量意识好的班组，是一个让上级认可、放心的班组，是一支让客户满意的，质量信得过的优秀团队。

公乌素质量管理站一共有50多名员工，年龄跨度大，从刚参加工作的到即将退休的都有。男男女女老老少少的同事，都喜欢和她相处。大家说和她在一起，感觉很舒服很温暖。站里同事谁家老人不舒服啦、谁家小孩上学啦、谁怀孕啦杂七杂八的小事，她总是记在心里，嘘寒问暖，能帮上忙的绝不推辞。这些点滴小事，总是让同事们心中暖暖的。工作中，谁有什么问题，也很乐意向她请教，不会因为她是班长而刻意躲着她，在同事们心中，她就是一个值得信赖的好朋友。

同事们都喜欢叫她路姐，不仅是因为她年长，而是她总像一个大姐照顾着站内的兄弟姐妹，团结着大家，带领着大家做好站里的每件事。生活上嘘寒问暖忙前忙后，工作中谦虚谨慎认真负责，新员工来了总是毫无保留地把自己的经验耐心地传授给他们，老员工退休了总是满怀深情地为他们送行。正是这些点点滴滴的小事，使她成了团队的中坚、大家心里的依靠。正是凭着这些，确保了化验室无一起客户不良反映投诉，无一起产品质量责任事故，无一起安全事故，切实维护了公司利益，实现了现代班组安全、质量的双赢！

在此基础上，她也感到，一个和谐的团队是增强创造力的有效保证。为此，她坚持用“三心工作法”加强班组建设。班里职工只要有困难，她都会主动帮助，让每个班员感到温暖，干起工作心情舒畅。平时无论工作多忙，她都要想方设法抽出一些时间，组织班员开展一些有益的集体活动，互相沟通，交流思想，听取大家对工作的意见和建议。和谐的工作氛围，使班组如同家庭一样其乐融融。廉洁教育是煤质化验岗位不可缺少的重要一课。20多年来，面对来自供煤商的各种金钱利益的诱惑，她始终做到坚定不移、断然拒绝，从未利用职权为亲朋好友捞取“好处”，从未使企业利益因此遭受半点损失。同时，她还坚持做到廉洁教育常抓不懈。多年来，班组从没出现任何违法违纪行为。为提升工作效果，她常常鼓励大家畅所欲言，积极为班组、为站里建言献策。

20 多年来，站里领导换了一届又一届，新老员工换了一茬又一茬。路俊英在自己的工作岗位上坚定、踏实、积极地工作着，绽放自己的才华，创造着自己的辉煌，超越自己，散发着人格魅力。生活中方见真知，平凡中彰显英雄，她连续多年荣获“三八红旗手”、“先进生产者”等多项殊荣，所带领的班组也是多次获得先进班组的光荣称号，是公乌素质量管理站真正的中坚力量。

这就是路俊英，一名普通的化验班长。她奋斗在最平凡的岗位上，没有波澜壮阔的惊天壮举，她只有数年如一日，平平凡凡、任劳任怨、无私奉献的人生历练，但我们相信正是这朴实无华的人生履历，印证了一线工人最美的高尚情操！

优秀奖

我的神华我的魂

丁　原　乌海能源公司

我是神华集团的一名职工，平凡且普通，可是却对这个企业有着很深的情感。这份情，缘于我是一个地道的煤炭人。我出生在一个矿山家庭，祖辈、父辈都是矿务局职工，煤炭几乎就是我们生活的依靠。长这么大最习惯的就是生活在夹杂着煤尘的空气中，最不怕的就是刮风天扬起的煤尘……这种缘分，让我对于神华这个以煤炭加工为主的企业有着特殊的钟情与热爱！

在我的骨子里天生就沉淀了煤炭人的气息，煤炭人的血液。在我的身体深处更是潜藏着一个燃情高涨的神华魂，这个魂，炽热且激昂，渗透了我全身的每一个细胞！

29 岁的我可以说是见证并且经历了乌海煤炭企业这 29 年来的荣辱兴衰。从以前的产量小、技术落后、劳动强度大、风险高的缓慢发展期，到 20 世纪 90 年代末的煤炭行业低谷期。当时由于受到大的环境的影响，乌海的煤炭矿务局经营都不景气，绝大多数职工的生活都陷入了困境，乌海的煤炭行业一时之间被乌云笼罩，一片惨淡。在这个时候，神华集团收购乌海市的两大矿务局。这给乌海的煤炭行业带来了新的契机。神华海勃湾矿业公司和神华乌达矿业公司成立，宣告着乌海市煤炭行业一个新时代的来临！

最初对于神华，大家都是感到很陌生的，但当慢慢地深入了解后，大家才开始真正地体会到“神华”这两个字的分量，而成为神华人的那份优越感也相应诞生。如果你看过百度对于神华集团的描述，你也许就会懂得当矿务局的职工在 13 个月没有发工资情况下，突然被这样一个集团收购，人们的欣喜与狂热。那是一种在经历了生活暗无天日，濒临崩溃的绝望时突现的一种生机！俗话说靠山吃山靠水吃水，对于守着一片“黑金地”的矿务局人来说，煤炭就是他们全部的生活来源。所以当矿务局不景气的时候，神华的出现就更像是救世主般的神圣，它解救了乌海煤炭人的生活，甚至是生命！也正是因为如此，让经历过那个时期的职工对于神华，除了工作以外的关系又多了一种特殊的感情。这种感情，也许该叫作感恩！正是因为怀着这种感恩的心，很多职工才忘我地为我们的企业贡献着自己的力量！

神华的到来使我的家乡发生了巨大的变化。在接下来的十年内，乌海市的煤炭行业在神华集团的带领下，迎来了飞速发展的全盛时期……2008 年乌海能源公司正式挂牌成立，将乌海地区的子公司全部合并，这对于乌海市的煤炭行业和神华集团来说都是一个里程碑！新公司成立后的管理模式更加现代化，乌海能源公司也出现了蒸蒸日上的局面。

然而，当一切都那么美好的时候，一场突如其来的灾难打破了这份美好……

2010 年 3 月 1 日，乌海能源公司骆驼山煤矿发生重大透水事故，31 人丧生——乌云再一次笼罩了乌海的天空，全体乌海能源人都有了一种悲怆的情绪。曾经只能在电视里看到的一幕幕惨剧，如今在我们的身边上演了。经历过了救援，经历过了恐慌与焦急；看过了遇难者的遗体，看过了遇难者家属的悲痛，每一个人的心都多了一道伤口。悔恨的泪水洗刷不了已发生的事实，灾难的发生指出了我们存在的漏洞：水文资料的匮乏，救援的指挥和调度不及时，应急遇难措施不完善等等，让现实用事实狠狠地鞭笞了我们。这些我们用鲜血和生命换来的教训是乌海能源公司遇到的前所未有的压力。但是，乌海能源人没有被压垮，擦干伤心和悔恨的泪水继续前行！改正不足，加强防范，能源人决不让悲剧再重演！是的，我们因为失误，付出了惨痛的代价。但是，教训，一次足矣！——这就是能源人，这就是煤炭人，不屈不挠，擦干鲜血与泪水更加勇敢地做到最好！这种煤炭人的精神让我深深地为之叹服，深深地吸引了我！于是大学毕业后，我进入了神华工作，作为一个矿山子弟，是“黑金地”养育了我，我是流着煤炭血液的神华子弟。所以，在我学业有成，有能力报效家乡，报效企业的时候，我应该贡献自己的力量，这是我的使命！

当进入乌海能源公司工作后，我渐渐发现这是一个有着浓郁企业文化的单位。我开始逐步学习，完成了一个大学毕业生到煤炭行业职工的初级蜕变。也让我更深刻、更切实地体验到基层工作者的辛劳与不易。那些可以燃烧发光的“黑金”，其实某种程度上可以说是由工人们发光的汗水凝结而成的！认识到这一点后，我更加热爱我所从事的行业，并油然而生了一种荣誉感……

从2011年开始，煤炭行业逐步进入了又一个寒冬期，乌海能源公司也面临着前所未有的危机。煤化工板块全线亏损、矿井开采难度大、员工年龄结构老龄化严重、缺少年轻技术型人才等等困难问题导致乌海能源公司举步维艰。然而，乌海能源人并没有被挫折所打败，而是越挫越勇，积极的想方法，找途径解决问题，在困难中谋求发展，在绝境中寻求新生！

未来不管前途如何，我将与所有的能源人、神华人一起奋斗，为我们的企业，为我们的神华，贡献自己的力量，燃烧最真挚的激情，谱写我们自己企业的辉煌篇章！

我的神华，不只是我的家，不只是我的梦，而是我的魂，埋藏在我身体里永不磨灭的魂！

我的神华我的魂，那份缘早注定，那份情永不忘！

优秀奖

热“雪”献神朔，岗位展“峰”采

张利华　神朔铁路分公司

俗话说：“闻香识女人。”在一次集体活动中，正当全车人翘首企盼望眼欲穿之时，一个踩着时尚高跟鞋，化着精致淡妆的小女人不紧不慢，款款而来，所过之处飘来一股淡淡的清香，顿时让人心旷神怡。

这个女人就是王雪峰，她是个很注重生活品位的女人，各种时令服装都有与之相匹配的鞋、包包、首饰，甚至于精确到指甲颜色。我自叹不如，她面容清秀，身材娇小圆润，一双忽闪忽闪的大眼睛绝不逊色于芭比娃娃。特别是她那字正腔圆“温软的”东北腔，简直让人难以置信，她就是出征神朔各宣传“沙场”、以笔为枪的巾帼战士——王雪峰。

跑“通勤”的“儿子”

王雪峰的孩子今年不足15岁，却已经有了6年跑通勤的历史，我们每个铁路人都知道跑通勤的含义，就是此地工作，家在彼地，为了生活来回奔波候鸟般的日子就叫通勤。因为工作在神木北站，孩子自小留在东胜婆婆家上学，记得那是2010年的冬天，元旦过后孩子放了寒假，嚷嚷着爸妈去接他，可是河西运输段刚刚成立，党群工作千头万绪，段与段之间整合后存在诸多棘手问题，为此她忙得不可开交，连着三个星期没有回家，在孩子的执意恳求下，才决定那头由年迈的奶奶将孩子送上车，这头由王雪峰在神木北站接车。下午2点50分，列车徐徐进站。王雪峰这才扔下手头的活，跑向车站。两只眼睛急切地搜寻着儿子那肉墩墩的身影，不时还踮起脚尖，人流从熙熙攘攘到稀稀拉拉，仍不见孩子的踪影，她的心一下子提到了嗓子眼，“儿子呢?！不会是……”她焦灼地跑到列车员身边询问，颤抖的声音有点语无伦次，在列车员的帮助下，她来到了车厢内查找，只见不远处靠窗口的位置上，一个胖乎乎的小男孩正香甜地酣睡，口水流湿了手背却浑然不觉。看到这一幕，王雪峰心算是落地了，一同落地的，还有她说不清是激动还是歉疚的泪水。

也就是从那一次起，年仅9岁的儿子每逢学校放假，就只身往返于东胜和北站之间，成了这条线上年龄最小的“通勤人”。

等名“磨”的老公

王雪峰的老公就职于公司调度所，这是位有着睿智头脑，雷厉风行的内蒙汉子，自从和王雪峰结婚后，他不仅积极工作，还主动分担了不少家务活。由于王雪峰工作的特殊性，上下班不规律。每到下班时间，老公来接她。她千篇一律的一句话就是：“你在等俺2分钟。”记得有一次，5分钟过去了，10分钟过去了，快一小时了才出现在办公楼下，原来她那天正准备下班，有个编辑来电约稿，按照惯例，这个慢性子爱磨蹭的女人肯定不着急吧！错！她立刻又重新打开了电脑，细读约稿要求，再编一段精炼的约稿函发到段宣传报道群里。这还不算，考虑到下班后好多人不看电脑，她还将骨干通讯员电话找出来，一一拨通，时间就这样不知不觉过去了，老公呢！非但不生气，还调侃说：大家都说你是“名磨”（出名的磨蹭），我看你简直快成了超“磨”啦！

顾不上“疼”的自己

2013年12月的一天，由于连日加班，她病倒了。可她硬是咬着牙坚持到了周末才去打点滴，星期一带着药照常上班，医生确诊为“亚急性甲状腺炎”。是感冒治疗不彻底而引起的并发症。这种病只能靠激素药物来调理，这让爱美怕胖的她非常郁闷而又无可奈何。

即便如此，王雪峰想的最多得还是工作。每当夜深人静，她左面腮帮子疼的就像被人抽了大嘴巴子，睡不着觉就坐在电脑前编辑修改通讯员稿件。有一次竟不知不觉熬到凌晨，直到从窗帘缝隙处透进光亮才恍然大悟，原来新的一天来到了。她曾自嘲地在自己的博客上写了首打油诗："这病生的真奇怪，工作起来她就退，白天加班也无妨，晚上疼得直喊娘。"可是我们谁都知道，她是忙的顾不上疼啊！

"传教士"的巾帼风采

王雪峰有许多闺蜜，闺蜜们纷纷反应："一跟她聊天，三句话不离老本行。"河西运输段通讯员队伍中，每当有新的面孔出现，她就像孩子一样兴奋，又是发消息，又是打电话，鼓励和赞扬起来滔滔不绝。有时候走在路上，偶然碰到一位通讯员，也要主动走上去搭讪几句，说着说着就绕到稿件话题上。记得有一次我们几个姐妹约好去看演出，可是一出小区门口，她眼睛一亮，原来不远处有一位认识的通讯员，于是我们一把拉住她，异口同声叮嘱到："只准打招呼，不准谈稿子啊！"王雪峰扭头一笑："必须滴！各位稍等、稍等啊！"大家心里明白，这一等恐怕又要等到花儿也谢了。在她的耳濡目染下，她身边的人越来越多地爱上了文学、爱上了新闻写作，就连我这个初中未毕业的60后也拿起了笔。她就像个尽心尽责的"传教士"，随时随地传播着工作与生活中的真、善、美，让我们神朔铁路这个大家庭充满书香气。

2006年公司策划出版《神朔十年》，抽调她参与电务十年的撰写工作，在一个多月的时间里她收集到2尺多高的资料，为了使文字更加精益求精，她先后修稿13次，累计60000余字，熬过了多少个不眠之夜？敲击了多少下键盘？我不得而知，只知道她累得不仅颈椎、腰部贴满了膏药，就连手腕都有些肿胀。每当节假日，一线稿件就发生稿荒，同时也是王雪峰最忙的时候。即便在家休息，也会及时把自己的邮箱打开，寻找有价值的稿件，然后编辑修改，迅速投往"一报四刊"。如果家里网不好，就急忙赶到弟弟家去蹭网。参加工作 19 年，王雪峰先后获得集团级奖励 10 余次、公司级奖励 30 余次、段级奖励 20 余次。累计在神华各类报纸杂志上发表稿件 1000 多篇，并于 2012 年正式加入了神华集团作家协会、摄影家协会。

这就是我眼中的王雪峰，一个充满书香气的优雅女人，一个从里到外散发出美的女人，一个尽心尽责的好职工。她没有做出惊天动地的大事，但她对平凡工作倾注了大量心血，用真情和执著谱写出光和热的温馨诗篇。